難しい本を読むためには

山口 尚 Yamaguchi Sho

★——ちくまプリマー新書
408

はじめに

難しい文章はどうすれば読めるのか――これが本書のテーマです。そして難しい本を読む方法を提示することが全体の目標になります。

あなたは書籍や論文を読もうとしたが、難しくて途中で挫折した、という経験があるかもしれません。そして、そのとき文章を読み解くことの正攻法を知っていれば、さらに読み進めることができて、作者の言いたいことを理解できたかもしれません。難解な本を読解できずにあきらめてしまうことの原因は〈文章を読む正攻法〉を知らないからかもしれません。一定のコツをつかむことによって、書物や論文とあなたとの関係はこれまでとは違ったものになるかもしれません。

この本は、中学生や高校生などの何かを学び始めようとしている若者、あるいは文章の読み方を初歩から確認したい大人に向けて、《難解な本や論文をどう読み解けばよいのか》を説明することを目指します。具体的には、文章を読むさいの原理的な指針、読解において活用されるテクニック、「読書会」のやり方などが紹介されるでしょう。私は本書が多くのひとにとって役立つものになるよう工夫しました。すなわちこの本は、文章の読解の仕組みを理論的に考察する衒学書《げんがくしょ》ではなく、むしろみなさんが一冊でも多くの本を読み解けるようサポートすることを意図した実践の書であるのです。

本書の特徴は、小手先の便法を紹介することに終始するのではなく、《文章はどう読まれるか》を根本から論じた点にあるでしょう。結果として、この本では、《これさえ気をつければ必ず読める！》などの「盛った」話に陥ることなく、文章を読むことにかんする真実だけが語られることになりました。思うに、本書で語られる〈難しい本を読む方法〉は大いに役立つものですが、その理由のひとつは《この方法が真実に背いていないから》です。じっさい恣意的に薦められる小手先の技法は、たしかにうまくいくこともあるでしょうが、ときにまったく役立たずになります。本書はそうした小手先の技芸の紹介を排するよう努めました。真に役立つ方法のみ語られるよう努めた、ということです。

難しい本を読む方法を紹介すること――これがこの著作の究極的な目標ですが、本論へ進むに先立って注意点がひとつあります。この本において、難しい文章を確実に読み解くことのできる「必勝法」が語られる、と考えてはなりません。なぜならむしろ、そんな「必勝法」は存在しない、というのが本書の積極的な主張のひとつだからです。文章の読解にかんして「確実な」方法を求めてはなりません。

とはいえ――これも本論でじっくり説明することですが――本書は同時に、難しい本を読むことにかんする必勝法は存在しないが「正攻法」は存在する、と指摘するでしょう。私たちは決して見せかけだけの必勝法へ安易に飛びついてはならないのですが、「文章読解には何の指針も無いのだ！」とやけっぱちになる必要もありません。たしかに「……すればいつでも読める」などの安心の保証を望むことはできませんが〈そんな保証は不可能！〉、それでも文章の本意を明らかにすることへ向けて着実に一歩ずつ進むような正攻法は存在するのです。必勝法は無いが正攻法はある、というのが本書全体に通底する精神だと言えます。

本書は、難しい本を読む方法を紹介するにあたって、文章の具体例として哲学書や哲学論文から多くの引用を行ないました。《なぜ哲学なのか》と言えば、その理由は本論でも説明されるのですが、それが難解だからというだけではありません。むしろ哲学の文章が一般にカッチリ書かれたものだからです。じっさい、哲学の書き物は論理的構成や結論の深みなどをたいへん気にする仕方で執筆されており、じっくり読み解くことによってスルメのように内容がしみ出してきます。この意味で、〈難しい本を読む方法〉を提示する素材としてはもってこいだと言えるのです。

具体的にどのような哲学者の文章を取り上げるのかをあらかじめ述べておきましょう。例えば、池田《いけだ》晶子《あきこ》、千葉《ちば》雅也《まさや》、永井《ながい》均《ひとし》、鈴木《すずき》泉《いずみ》、野矢《のや》茂樹《しげき》、國分《こくぶん》功一郎《こういちろう》、古田《ふるた》徹也《てつや》、左近司《さこんじ》祥《さち》子《こ》、大森《おおもり》荘蔵《しょうぞう》、など。この他にも言及する哲学者はいるのですが、ここに挙げた面々だけでもそれぞれ個性的であり、この段階で《本書ではさまざまなタイプの文章に触れることができる》と宣言することができます。

このように具体的に取り上げられるのは哲学の文章ばかりですが、同時に次の点も強調できます。すなわち、本書で紹介される読解の正攻法はその他の分野でも役に立つ、と。なぜならこの本ではいわば〈文章読解の根本原理〉が提示されるからです。それゆえ本書で提示される読解法は決して哲学という個別分野でしか役立たないものではありません。むしろ〈何かしらの主張を行なう文章〉すべてに活用できるものだと言えます。

本書の構成をおおまかに予告しておきます。

第一章から第三章は「原理編」であり、《難解な文章をどう読み解くか》の原理が論じられます。具体的には、「キーセンテンス」や「文章が全体として言いたいこと」などをキーワードとして、あらゆる文章に〈全体と部分の循環〉が存することを指摘します。そのうえで〈全体と部分のグルグル回りのうちにうまく入り込むこと〉という読解の原理的方針を提示します。

第四章から第七章は「方法編」であり、じっさいの読書において頼ることのできるテクニックを紹介します。それらの方法は大きく分けて〈論理に関するもの〉と〈内容に関するもの〉の二種類ありますが、こうしたやり方を駆使すれば与えられた文章の言わんとすることへ多角的にアプローチすることができるでしょう。すなわち、論理と内容の両面から、書き手が最も言いたいことへ迫ることができる、ということです。

第八章と第九章は「実践編」であり、そこでは《読書会はどのようにして行なわれるか》が説明されます。本論でも述べるとおり、ひとつのテクストを複数人で読解しようとすることとは、しばしば独りでは到達できなかった理解への通路を拓《ひら》きます。この意味で、難しい本を読むことにとって、読書会は大いに役立つと言えます。そして読書会のやり方にも「正攻法」が存在する――それゆえ、〈難しい本を読む方法〉を紹介することの一環として、読書会のやり方を説明するのは自然な道です。具体的には《本をどう選ぶか》や《どのように進行するのか》が紹介されるでしょう。

目次 * Contents

イラスト　木村耕太郎

Ⅰ 原理編

第一章　キーセンテンスを見つける

1　この本で伝えたいこと

難しい本を読む方法。これがこの著作のテーマです。そして本書は、難しい文章に出会ったときに役立つ読解法を、わかりやすく紹介することを目指します。

まず、今からどんな話をするのかを述べておきたいと思います。

第一章から第三章にかけて本や論文の読み方の一番大事なところを説明します。第四章以降は、はじめの三章で組み立てた基礎のうえに、追加の要点をブロックのように積んでいくことになります。それゆえみなさんはとりあえず第三章までの内容を理解することを目指しましょう（第四章以降の内容はまた後で予告します）。

というわけでこの本の第一歩目のゴールは第三章まで読むことです。ページで数えれば九〇。決して長くはないでしょう。そこまで行ければ〈文章の読み方〉にかんして重要なことをつかむことができます。

ところで――「はじめに」でも述べたことですが――「難しい本を読む方法」というものを考えるさいに大切な注意点があります。次にこの点を再確認しましょう。

じつのところ〈難しい文章をいつも理解できるような確実なやり方〉など存在しません。世の中に虫の良い話はめったになく、私もまたしばしば難しい文章を前にして「何を言っているのかわからない」と挫折します。それゆえ、本や論文の読み方にかんしては、「こうやったら必ずうまくいく」と言えるようなやり方を期待してはいけません。こうなるとみなさんはがっかりするかもしれません。とはいえ、学問に王道（手っ取り早い近道）がないように、読書にも確実な道はないのです。

しかしながら（絶対のやり方はないのだが）いわば「正攻法」はあります。そしてそれは決して「時間をかけてじっくり読む」などのそこまで役に立たないあたりまえの指針ではなく、私たちを文章の堅実な理解へ導くポテンシャルを有します。第一章から第三章では、こうした〈読解の正攻法〉を全体的に説明する予定です。

いったんまとめさせてください。

「難しい本や論文を読む方法」と聞くと、《おお、何でもスイスイ理解できる完璧なやり方があるのか！》と思うひとがいるかもしれません。だがそれは叶《かな》わぬ願いです。じっさいにはむしろ、あらゆる文章を確実に理解できるような絶対のやり方はない、という事実を認めるほうがよいでしょう。なぜなら、その場合、小手先の工夫をあきらめて「正攻法」のやり方に専念することができるからです。もちろん正攻法は必ずしも万能ではありません。とはいえ、正攻法を知っているのと知らないのとでは、難しい文章と出会ったさいの対処が大きく違ってくるはずです。

本章――すなわち第一章――は、話の第一歩として、〈キーセンテンスをつかむこと〉の重要性を指摘します。これは、先取りしていえば、読解の正攻法の最も大切な部分のひとつです。

2　キーセンテンスで主張をつかむ

キーセンテンスをつかむことの重要性――これがこの章で強調したいことです。とはいえ「キーセンテンス」とは何か。まずは具体例で説明します。

哲学者・池田《いけだ》晶子《あきこ》の最も有名な著書に『14歳からの哲学』（トランスビュー、二〇〇三年）

があります。これは中学生の読者を対象として哲学への入門的な議論を展開する本です。若年者向けの書物ですが、扱われるものが「哲学」であるので、内容はそれほど簡単ではありません。

この本はそれぞれの節が独立したテーマを論じるものであり、ひとつの節を切り離して読むこともできます。例えば二五節は「自由」を主題としており、その冒頭は次のようなものです。

日本は自由主義社会だ。封建制社会や社会主義社会のような、国家や制度に個人が縛られる社会ではなくて、個人が自由に行動できる社会だ。君はこのことを素晴らしいことだと思うだろうか。(一六六頁)

著者の池田は、読者に「君」という二人称で呼びかけながら、「君は日本が自由主義社会であることを、すなわち個人が自由に行動できる社会であることを、素晴らしいと思うか」と問いかけていきます。じっさい、現在の日本は――いろいろな社会問題はあるにせよ――職業選択の自由や言論の自由などがそれなりに保障された社会だと言えるでしょう。では君はこのことを素晴らしいことだと思うだろうか。

　第一に押さえるべきは、この問いに対する君の答えが「イエス」であろうが「ノー」であろうが、それは君が池田の文章を理解するうえで問題にならない、という点です。問いかけに対してはそのつど答えるべきだ、というのは文章を読むさいには成り立ちません。むしろ《その問いかけが何を目指して行なわれているか》をつかむことが大事だと言えます。

　さて話がここまで進めば「キーセンテンス」とは何かが説明できます。これは“key（鍵）”と“sentence（文）”をつなげた言葉であり、敢《あ》えて訳せば「鍵となる文」となるでしょう。多くの文章は何かを主張することを目指して書かれますが、こうした目標の主張を表現する文が「キーセンテンス」です。

キーセンテンス
＝文章全体の主張を表現する文

　キーセンテンスをつかむことの重要性――これがこの章で指摘したいことでしたが、《なぜそれが重要か》は次のように説明できます。すなわち、キーセンテンスをつかめば、文章のその他の部分についても、それが何を言いたいのかがわかるようになる、と。例えば今とりあげている池田の文章はひとつの問いかけから始まりますが、《この問いかけが何のために行なわれているのか》はキーセンテンスから明らかになります。以下、池田の文章をもう少し読み進めながら、この点を確認しましょう。

3　一文ずつに役割がある

文章を理解するさいには、キーセンテンスを探し出すことが、すなわち文章全体の主張を表現する文を見つけることが重要です。では今取り上げている文章のキーセンテンスは何でしょうか。

私の方から一気に説明させていただきます。じつに池田晶子がその文章で目指していることは《社会が自由主義を採用しようがしまいが、それは私たちの真の自由には関係がない》と述べることです。では真の自由とは何か。池田によれば、自分に何ができるかを考え、自分が善いことも悪いこともできることに気づき、《どう生きるかを自分で判断することにこそ自由はあるのだ》と自覚するとき、ひとは真の意味の自由を知ることができます。それゆえ、自由主義の社会のあり方をどれほど詳しく観察しようと、そこに真の自由を見出《みいだ》すことはできません。池田によると、真の自由は、個々人が自分の心に具《そな》わった〈行動を選ぶ力〉の中に見出されるのです。

真の自由は社会のあり方のうちにではなく個々人の判断力のうちにある――これが池田の言いたいことです。それゆえ六頁にわたる彼女の文章のキーセンテンスは次です。

> 自由というのは、他人や社会に求めるものではなくて、自分で気がつくものなんだ。自分は自分のしたいことをしていい、よいことをしても悪いことをしてもいい、何をしてもいいのだから何をするかの判断は完全に自分の自由だと、こう気がつくことなんだ。自分で判断するのでなければ、どうしてそれが自分の自由であるはずがあるだろう。自由は判断する精神の内にある。（一六八頁、傍点強調は原著者による）

ここで池田は、自由は自分の外（他人や社会）に見出されるのではなく、むしろ自分の中に見出されるものだ、と主張しています。こうしたキーセンテンスを見つけることができれば冒頭の問いかけ――「君は日本が自由主義社会であることを素晴らしいと思うか」という問いかけ――の意味も明らかになります。じつにこの問いかけは、答えを求める質問ではなく、読者に思考を促す「働きかけ」の意味をもちます。

だがそれはどういうことでしょうか。説明すれば以下のようになります。

西洋の国々およびそれと近い価値観をとる国々はしばしば「自由主義陣営」と呼ばれますが、私たちはしばしば「自由」という言葉を国家や社会のあり方と結びつけて使います。そして日本やアメリカなどの自由主義社会に真の自由があると考えがちです。とはいえ池田は、このような考え方は真の自由がどこにあるかを見誤っている、と考えます。それゆえ彼女は、冒頭で「君は日本が自由主義社会であることを素晴らしいと思うか」と問いかけることによって、《社会のあり方なんて本当は重要でないかもしれないぞ》と読者に訴えます。これは話を次の方向へもっていくきっかけにもなっています。すなわち、日本が自由主義社会であることが素晴らしいことであろうがなかろうが、社会のあり方の中に真の自由は見出されない、と。

このように、キーセンテンスをおさえると、冒頭の問いかけは〈読者に「私たちの自由は社会のあり方のおかげなのか」を考えさせる〉という役目をもつことがわかります。池田によれば、私たちが真の意味で自由になるとき、それは決して社会のあり方のためではなく、むしろ個々人がもつ判断力のおかげです。このようにキーセンテンスと照らし合わせて文章の各部分の役目を確認することは、文章の理解にとって重要なステップです。

理解の重要なステップ（1）：
キーセンテンスと照らし合わせれば、文章の各部分の役目が明らかになる。

ここで「キーセンテンス」という語について注意を加えさせてください。この語は英語だと"key sentence"と単数形になりますが、それは必ずしも一文だけを指すものではありません。この語は融通の利くものであり、いくつかの文の連なりを指すこともできます。他方で、もし「キーセンテンス」が一文だけを指すとすれば、池田の文章の究極のキーセンテンスは（先の引用の中の）「自由は判断する精神の内にある」になるでしょう。なぜならこの文が、彼女が文章全体で言いたいことを最も簡明に述べているからです。いずれにせよ、以下では「キーセンテンス」で複数の文の連なりも指せると考えます（というのもこう考えたほうが便利だからです）。

注意をもうひとつだけ。キーセンテンスは〈文章全体の主張を表わす箇所〉だと言われましたが、ここで「文章全体」というのは何を指すのでしょうか。比較的短い文章であれば、文字通り文章すべてを「全体」と捉えて問題はありません。とはいえ本ぐらいの長さになると話は別です。はたして本の文章すべてが「全体」なのでしょうか。「全体」という語の意味がはっきりしなければ、どの範囲でキーセンテンスを探してよいかわかりません。どう考えればよいのか。

これについてはさしあたり、内容の切れ目をそのつど「全体」と見なすことができ、この切れ目は本の自然な区切り（すなわち節や章などの区切り）で示される、と理解しておいてください。それゆえ書物を読むさいには、節や章が終わるたびごとに《内容的に切れ目があるか》を検討し、切れ目がありそうなら、キーセンテンスが見つかるかどうか確認してみるのがよいでしょう。じつを言えば――ここは大事な点ですが――《内容がどこで切れているか》の理解は読み進めるにつれて更新されることがあります。そしてその場合、新たな理解のもとでもう一度キーセンテンスを探さねばなりません。とはいえ実践的には、本の内容の切れ目は節や章のまとまりで示される、と考えて十分うまくいきます。なぜならそうでない書物はかなり例外的だからです。

したがって本を読み進めるさいには、ひとつの章が内容のまとまりになっているときはそれを全体と見なして〈章のキーセンテンス〉を、あるいは各節が互いに切り離しうる内容をもつときにはそれぞれを全体と見なして〈節のキーセンテンス〉をそのつど探すのがよいと言えます。どの単位で区切られるかはケース・バイ・ケースですが、繰り返し強調するように、《節あるいは章がそのつど全体となる》というのが基本です。ちなみに、内容的にまとまった本であれば、本全体のキーセンテンスを見つけることも可能でしょう。ただしそこに至るには〈節や章という区切りごとにキーセンテンスをそのつど押さえる〉という作業を繰り返す必要があります。要するに「全体」をどう捉えるかについては、比較的短い文章についてであればそれ全体を、本については節や章をイメージすればよいのです。

4　哲学者の文章で学ぶ

ここまで哲学者の池田晶子の文章を取り上げながら〈キーセンテンスをつかむことの重要性〉を説明してきました。本章の残りの箇所も同じ点の説明です。それゆえ「どんどん新しい用語が出てくるかも……」と不安になる必要はありません。キーセンテンスにかんする説明を、少しずつ角度を変えながら続けていきたいと思います。

ところで――少し寄り道ですが――池田晶子の言っていることは難しかったでしょうか。おそらく「難しすぎることはないが簡単なわけでもない」と答えるひとが多いと思います。ここで、難しすぎることがない理由はおそらく中学生向けの文章だから。それでもそれが簡単なわけでもない原因は、彼女が哲学者だから。そして「難しい本を読む方法」をテーマとするこの本で哲学者の著作が取り上げられることには自然な理由があります。

ではその理由は何でしょうか。ふたつ挙げることができます。第一の理由は、世の中にたくさんある文章の中で、哲学者の書くものは難解な部類に入るからです。それゆえ、《難しい本や論文をどうやって読むか》を説明するこの著作にとっては、哲学という分野は素材の宝庫だと言えます。

とはいえこれだけではありません。第二の理由として――こちらの理由が重要なのですが――哲学の文章は、一般に、しっかりした論理に従って書かれているからです。文章の読み方を学ぶさいには、ちゃんと書かれた文章を題材とせねばなりません。とはいえ世の中には理屈の定まらない曖昧模糊《あいまいもこ》とした文章も多く存在します。したがってこの本は、そうしたいいかげんな文章を取り上げるのを避けるため、信頼できる哲学者の文章を厳選して素材にすることにしました。

5　理解は賛成と異なる

繰り返し述べるように、キーセンテンスを押さえることは文章を理解するときにたいへん重要だ、というのが本章の指摘です。ではキーセンテンスはどうやって探せばよいのでしょうか。次にこの点について。

キーセンテンスの探し方――これも池田の先の文章を例に解説したいと思います。

彼女の文章のキーセンテンスは、最も切り詰めれば、「自由は判断する精神の内にある」というものでした。すなわち、私たちが自由であるのは、心の外の社会のあり方によるのではなく、心の中にある判断力のおかげである、ということです。それゆえ、池田によると、《日本が自由主義社会かどうか》は私たちが自由であることと関係がありません。

さて――みなさんのそれぞれに尋ねてみたいですが――あなたはこの主張に賛成でしょうか。たぶんこの本の読者のなかには「池田の意見はよくわからない、なぜなら私たちの自由は社会のあり方とかかわりがあるにちがいないから」と言うひともいるはずです。そうしたひとはもしかしたら《池田の言っていることは理解できない》と感じるかもしれません。それゆえ、少し前に私は池田の文章のキーセンテンスを「自由は判断する精神の内にある」と説明しましたが、そうしたひとはこの説明にたいしても腑《ふ》に落ちない気分を抱いたかもしれません。

私は池田の主張に賛成しないひとの気持ちがよくわかります。なぜなら私も人間の「真の自由」にとって社会のあり方が重要だと考えているからです。とはいえ同時に私は、池田の言っていることも理解できます。――ここには「理解」にかんして心得るべき大切な事柄がひそんでいます。

押さえるべきは、理解することと賛成することとは異なる、という点です。より詳しくは、〈理解すること〉は〈賛成すること〉や〈反対すること〉よりも前の段階で行なわれることだ、と言えます。それゆえひとは、理解したうえで、賛成したり反対したりします。したがって、たとえあなたが池田の主張に反対であるとしても、あなたは彼女の文章を理解することができます。

同じ点をより一般的な観点から説明させてください。

じっさい、論理の筋道の具わった文章は――その主張が賛成できるものであろうとなかろうと――理解することが可能です。例えば池田の文章は、《私たちは社会のあり方のおかげで自由になれるのか、それとも自分の心に具わった判断力のおかげで私たちは自由であるのか》という問いに取り組みながら、「人間が自由なのは判断力のおかげだ」という答えの方を選びます。こうした論理の流れは、池田の答えに同意するしないにかかわらず理解することが可能です。この哲学者は論理に従って文章を書いているので、結論に賛成しないひともそれを読んで理解することができます。

このように理解と賛成や同意とは相異なるものですが、ここからキーセンテンスの探し方について重要なことが言えます。キーセンテンスを探すことは、〈自分にとって正しく思える箇所〉や〈自分が賛成できる箇所〉を探すことではありません。私たちはむしろ〈書き手が主張しようと努めている事柄〉あるいは〈書き手が筋道立てて言おうとしている結論〉を探さねばなりません。そのためには、文章の全体を広く眺めて、書き手の理屈が収斂《しゅうれん》していく中心的な部分を見つけ出す必要があります。

これにかんするより詳しい説明は先送りすることにしましょう。ここではとりあえず現時点で言える大事な点を強調しておきます。

理解の重要なステップ（2）：キーセンテンスを探すことは、自分が賛成できる箇所を探すことではなく、書き手が筋道立て言おうとしている結論を探すことだ。

というわけで、難しい文章を読んで理解しようとする最初の段階では、《書き手の主張に賛成できるか》にこだわる必要はありません。いや、むしろこだわらないほうがよいでしょう。とりあえずクールに文章を追うこと。そして書き手の理屈が収斂していく結論的な部分を探すことが大事です（このやり方は後でより詳しく説明されます）。

以上で「キーセンテンス」にかんして本章で言おうと予定していたことはほとんどすべて指摘できました。この章の残りの部分では、ここまで述べてきたことの応用として、池田晶子の別の文章をもうひとつだけ読んでみましょう。それによってキーセンテンスを押さえることの重要性がさらに明らかになりますし、一点だけ新しいことが指摘されます。

ところで――ふたたび少し寄り道になりますが――本章では池田の文章ばかりを取り上げているので、この哲学者がどんな人物なのかも触れておいたほうがよいかもしれません。彼女は日本の哲学史において面白い位置づけを有しています。

「哲学とは何か」という根本的な問題は脇におくとして、日本では〈西洋の哲学者を研究する〉という形の哲学がしばしば行なわれます。すなわち、フランスの哲学者デカルトやドイツの哲学者カントの残した本を読み解くことで哲学の問題を考える、という具合です。とはいえ、別の形の哲学も存在しており、それは〈自分の中から湧き上がる問題に取り組み、自分の考えを自分の言葉で表現する〉というタイプの哲学です。現在、後者の種類の哲学者も日本で数多く見出されますが、池田晶子もこのタイプです。

池田の哲学の特徴は、言葉の深みへ沈み込んでいくことなく、明快な言葉づかいを保ちながら彼女自身の言いたいことを単刀直入に提示する点にあるでしょう。池田は――私はこう感じるのですが――現実を細かく分析する理論を組み立てることにほとんど興味をもたず、むしろ《私たちが世界についても自己についてもよくわかっていない》という事実を指摘することに注力します。《ひとは自分が何も知らないと気づくべきだ》と考えたのは古代ギリシアの哲学者ソクラテスですが（いわゆる「無知の知」です）、この意味で池田の哲学は「ソクラテス的」だと言えます。彼女は癌《がん》のため二〇〇七年に亡くなりました。四六歳でした。

6　初見ではピンとこない文章

今から取り上げるのはふたたび『14歳からの哲学』のひとつの節であり「本物と偽物」と題された文章です。その書き出しは以下の引用ですが、おそらく初見ではピンとこないひとが多いと思われます。

たとえば、美術の時間に、「好きなように描きなさい」と言われて、好きなように描くのは、とても楽しいものだよね。上手だろうが下手だろうがおかまいになしに、自分が描きたいように描けたら、それだけですごく満足感があるんじゃないか。（一一三頁）

私がはじめてこの文に出会ったとき、ただちに「そんなこと言えるかなあ?」と疑問に思いました。じっさい、授業で「好きなように描きなさい」と言われたら、どう描いていいかわからず途方に暮れることもあるはずです（私はイラストを描くのは好きですが美術の絵を描くのは嫌いでした）。それゆえ好きなように描くことは必ずしも「とても楽しい」と言えないのではないか。こう感じられたわけです。

とはいえ一般に――これまでの話を思い出してほしいですが――文章の書き出しが何を言っているかはそれだけでは決まりません。むしろ冒頭の役割はキーセンテンスから与えられます。それゆえ今回の文章についても、キーセンテンスを見つけることができれば、書き出しの真意も理解できるかもしれません。それゆえ以下、この文章のキーセンテンスを見つけ出すために少し読み進めてみましょう。

池田の文章はアーティスト・宇多田ヒカルの話へ進んでいきます。この歌手はたいへん優れた歌唱力を有しており、彼女の歌い方をたくさんのひとが真似《まね》ようとしました。とはいえ真似てパフォーマンスされた歌は、ちょっとした面白さがありますが、決して素晴らしいものにはなりません。なぜならどうしても「偽物」の感じがぬぐえないから。これに対して宇多田ヒカル自身の歌にはいわば「本物」の凄《すご》みが具わっています。

ここから池田は次のように述べます。

宇多田ヒカル本人にしてみれば、誰の真似をしているわけでもなくて、自分の好きなように歌うとこうなる、こうなってしまう、逆から言えば、そうとしか歌えないからそう歌っているわけだ。［……］聴衆は、そこにこそ惹《ひ》かれる。彼女がそのままで彼女であるというそこにこそ惹かれることになるのだけれど、偽物にはそのことがわからない。自分が本当にしたいことがわかってないから、人の真似をしたり、他人のウケを気にしたりということになってしまう。（一二四―一二五頁）

ここでは、宇多田ヒカルが誰の真似でもなく自分の思うように歌っている、そしてだからこそ彼女の歌に多くひとが惹かれるのだ、と指摘されています。じっさい、真似られた歌がどこまでいっても「本物」でないことと対照的に、真似でない歌には本物の魅力があると言えるでしょう。これは、自分の思うように行なうことは本物であることの重要な条件だ、ということを意味します。この点を踏まえて池田は「独自であるということが本物であるということの意味だ」と述べます（一二五頁）。

さてこうなると冒頭の意味――すなわちいま読んでいる文章のはじめに《好きなように描くことは楽しい》と述べられたことの意味――も少しわかってきます。池田は宇多田ヒカルの歌の魅力を《自分の思うように歌っているから》と説明しました。ここから明らかになるように、目下の文章は〈自分の思うようにすること〉あるいは〈自分がいいと感じることをする〈こと〉の大切さの指摘を目指しています。だからこそ池田は冒頭で「好きなように描くことは、とても楽しいものだよね」と述べるわけです。

とはいえ話はここで終わりません。まだわからないところが残っているからです。たしかに池田の言うように、宇多田ヒカルの魅力は――少なくともその原因の一部として――彼女が〈誰の真似でもなく〉独自の仕方で歌っていることに起因するでしょう。とはいえ、《本人の思うように行なわれていることは本物の魅力をもつ》ということと、《自分の思うように行なうことは楽しい》ということとは、まだつながりません。なぜなら、たとえ独自の仕方で歌う宇多田ヒカルが魅力的だとしても、それは独自の仕方で行なうことが自分にとって「楽しい」かどうかとは別の話だからです。しかしながら、キーセンテンスを押さえれば、話はつながってきます。この点をいまから説明します。

7　文章の真意を明らかにする

これまで確認されたことをいったんまとめましょう。

「本物と偽物」というタイトルの池田の文章は《思うように絵を描くのは楽しい》と述べる

ことから始まります。そして、宇多田ヒカルを例にとって、《本人の思うように行なうことには本物の魅力がある》と言われます。これはたいへんよくわかります。というのも、真似事はせいぜい「面白い」ものにとどまりますが、他で見られない独自の活動は「すごい」や「目が離せない」という域に達するからです。とはいえなぜこの話が冒頭の文――《思うように絵を描くのは楽しい》と述べる文――につながるのでしょうか。

この点はキーセンテンスから理解できます。池田は、《本物と偽物を見分けられるひとになることが大事だ》と指摘しつつ、次のように述べます。

本物を見抜ける目をもとう。本物を見抜ける人間になろう。そのためには、いいかい、君が本物の人間にならなくちゃダメなんだ。本物を見抜けるのは本物だけなんだ。（一二六頁）

これが今回の文章のキーセンテンス。それによれば、偽物から本物を区別できるためには、本人自身が何か本物を行なうひとでなければなりません。じっさい、流行に惑わされ「偽物」ばかりを真似ているひとには、宇多田ヒカルや米津玄師の歌もたんなる有名な曲の一種であり、それがまさに「本物」であってそれ自体で輝いているなどとは考えられないでしょう。本物を見抜けるひとは、みずから本物に取り組んでいるひとです。ここから池田は読者の各々に《みなさんも本物を見抜けるひとになるために何か本物を行なう人間になろう》と呼びかけます。

以上がキーセンテンスの中身です。これを押さえれば、なぜ冒頭で「好きなように描くことは、とても楽しいものだよね」と言われたのかの理由も判明します。例えば宇多田ヒカルは、決して他人のウケをねらって歌をうたってきたのではなく、自分の好きな歌をうたい、それを楽しんで、比類のないアーティストになりました。このように「本物」になることは、決して他人にウケようとした結果ではなく、むしろ自分で楽しむことの結果です。楽しむひとこそが本物を行なうひとになれる――この点を指摘するために池田は冒頭で「楽しさ」の話をしているのです。

けっきょく「好きなように描くことは、とても楽しいものだよね」という言葉は〈読者の各々が自分の楽しいと感じること〉へ目を向けることを促すものです。すなわち、あなたの楽しいことは何ですか、それを楽しんでやることを続けることによってあなたは本物になれるのですよ、と話をもっていきたいわけです。

以上より何が言えるでしょうか。いまから他人の書いた文章を理解しようとするさいに重要となることを指摘するのでしっかりついてきてください。

たったいま、《自分で楽しんだ結果としてひとは本物になる》という指摘へ話を導くために冒頭で「楽しさ」の話がされる、と述べられました。こうなると冒頭の「美術の絵」の例は別のものでもよかったことがわかります。すなわち、池田は絵を具体例に〈好きなように行なうことの楽しさ〉を説明しているが、読者はそれを必ずしもこの事例で理解する必要はない、ということ。もう一度冒頭を引いてみましょう。

たとえば、美術の時間に、「好きなように描きなさい」と言われて、好きなように描くのは、とても楽しいものだよね。上手だろうが下手だろうがおかまいになしに、自分が描きたいように描けたら、それだけですごく満足感があるんじゃないか。(一一三頁)

池田が言いたいのは《自分の好きなように行なって楽しんだ先に本物がある》という点ですので、「美術の絵を描く」という具体例はたまたま選ばれているに過ぎません。そして、この例でしっくりこないひとは、別の例で置き換えて読んでかまわないのです！　例えば私にとっては「文章を書く」という例がしっくりきます（あるいは「イラストをつくる」でもよいのですが）。若い時分から私は――うまく書けようが書けまいがおかまいなしに――自分の書きたい文章を書き、それによって文体を鍛え上げ、今のように書けるようになりました。このように（池田の言いたいことを保ちながら）自分にしっくりくる例に置き換えれば、「美術の絵を描く」という具体例でピンとこない私にとっても、冒頭の文章はよくわかるようになります。

あなたはどんな例がしっくりきますか。自在に踊れるひとには「ダンス」がちょうどよいかもしれません。何かしらのゲームやスポーツがよい例になるひともいるでしょう。おそらくまだ何もしっくりくるものがないひともいると思いますが、いずれ池田の「美術の絵を描く」という例と置き換えることのできる何かに出会えるはずです。その日まで《自分で楽しんだ先に本物がある》という池田の命題は心のどこかに留めておきましょう。

要点をまとめておきます。

本章で二番目に取り上げた文章――すなわち「本物と偽物」という文章――は冒頭が（ひとによっては）初見でピンとこないものでした。とはいえ、キーセンテンスを見つけて、冒頭が言おうとしていることをつかめば、はじめの〈ピンとこない感じ〉を取り去ることができます。というのも、キーセンテンスに照らし合わせて冒頭の真意を明らかにすれば、「思うように絵を描くのは楽しい」という具体例はたまたまのもの（それゆえ読者のしっくりくる例に置き換え可能なもの）だとわかるからです。このようにキーセンテンスを見つけることは、文章の中のしっくりこない箇所を減らすことにも役立ちます。

理解の重要なステップ（3）：キーセンテンスを見つけることは、文章の中のしっくりこない箇所を減らすことにも役立つ。

本章では〈キーセンテンスをつかむこと〉の重要性を指摘しました。ところでキーセンテンスはどうやって見つければよいのでしょうか。キーセンテンスは「文章全体の主張を表現する文」と定義されました。それゆえ、キーセンテンスを特定するには、文章全体の主張を捉えればよいと言えます。次章では〈文章全体の主張を捉えること〉について複数の角度から考えていきたいと思います。

第二章　文章全体の主張を捉える

1　部分と全体を制する

第一章から第三章にかけて難しい文章を読むさいの正攻法を説明すると予告しました。本章は、説明の第二のステップとして、〈文章全体の主張を捉えること〉の重要性を指摘します。前章の末尾で《キーセンテンスを見つけるには文章全体の主張を押さえるのが大事だ》と言われましたが、本章はこうした点を確認していきます。

本題へ進むに先立って前章と本章の関係を手短に確認しておきましょう。

第一章はキーセンテンスのことを論じましたが、「キーセンテンス」とは文章の中で最も大事な部分を指します。それゆえ――抽象的に言えば――前章のテーマは「部分」だったと述べることができます。これに対して本章は文章の「全体」に着目します。じつに文章の部分の意味は、全体の主張と別個のものではありません。むしろ、文章全体の主張を通して、文章の各部分の意味は定まります。《全体の理解を通じて部分の意味をつかむ》というのがこの章のスローガンです。

したがって前章と本章の関係は次のように表現することができるでしょう。すなわち、第一章は文章の部分を考察したが、第二章は文章の全体へ目を向ける、と。ここには「部分」と「全体」という概念が登場していますが、これらは（本書で説明する）難しい文章を読むさいの正攻法を組み立てる二大原理です。そして、難しい文章を読むコツをつかむには、文章の部分と全体の関係を理解することが重要だと言えます。

話がだいぶ抽象的な方向へ進みましたが、さしあたり「部分」と「全体」のふたつがキーワードだという点だけ押さえておいてください。部分と全体の関係はなかなか複雑なのですが、本章では《全体を制さぬかぎり部分を制することはできない》という側面を強調していきたいと思います。

2　読解は全体から部分へ

キーセンテンスを見つけるためには文章全体の主張を押さえる必要がある――この点をこ

れから具体例で確認していきます。取り上げるのは、フランス現代思想の研究などで有名な哲学者・千葉雅也《ちばまさや》の著書『ツイッター哲学　別のしかたで』（河出文庫、二〇二〇年）です。この本は千葉のツイッター上での「つぶやき」をまとめたものですが、そこには鋭い警句が多数収められています。

例えば次は二〇一三年七月某日のツイート。

勉強が嫌い、というのは、自分を変えたくないということだと思う。そして勉強嫌いが多いのは、今の自分でまあいいかという人が多いからだろう。別人のように変わることは、恐ろしいことなのだろう。勉強することは、変身の恐ろしさのまっただ中にダイブすることだ。（『ツイッター哲学　別のしかたで』六九頁）

さて――みなさんに質問させていただくと――このツイートは四つの文からできていますが、はたして何番目の文がキーセンテンスでしょうか。こう問われた場合、勘で正答を言い当てられるひともいるでしょう。とはいえここで重要なのは〈理屈によってキーセンテンスを見つけ出すこと〉です。

いったいキーセンテンスはどのようにして特定されるのでしょうか。最も重要な手段のひとつは《文章全体が何を言いたいのか》を考えてみることです。いま一度《問題のツイート》は全体として何を言いたいのか》を考えながら、引用の文章を読み返してみてください。そうすると次の点に気づかれるはずです。このツイートは、決して世の中に勉強嫌いの多いことを嘆いたりするのを主旨とせず、むしろ《勉強とは何か》の核心をつくことを目指すものだ、と。そして四番目の文が勉強の核心を「変身の恐ろしさのまっただ中にダイブすること」と指摘しています。したがってキーセンテンスは四番目の文であることになります。

理解の重要なステップ（4）：《文章全体が何を言いたいのか》を考えてみて文章全体の主張を押さえれば《どの文がキーセンテンスか》も見えてくる。

たった四つの文から成る文章ですが、理屈を通じてキーセンテンスを特定するさいには一手間かかりました。キーセンテンスを見つけるさいには必ずや全体を眺めねばならない、ということです。とはいえ逆に、いったんキーセンテンスが発見できれば、その他の文についても《それがどういう意図で述べられているか》を理解することができます。以下、いささか細かい話になりますが、各文の役割を説明します。

問題のツイートの第一・第二・第三の文はそれぞれ「勉強嫌い」にかんする千葉自身の観察を提示していると言えます。すなわち第一の文は、《世の中には勉強が嫌いなひともいるがそれはどうしてか》を問いながら、《勉強を嫌うひとは、勉強を通じて自分がそれまでと違う何かになることを嫌がっているのではないか》と指摘します。そして第二と第三の文は、世の中に勉強を嫌って現在の自分に甘んじるひとが多いことの理由として、〈変身への恐怖〉を挙げます。さて以上の指摘から――ここからが大事な理屈ですが――勉強と〈変身への恐怖〉とのあいだには重大な関係があることがわかります。そして千葉は、勉強することの核心に〈変身してしまうことへの恐れに屈さない〉という態度があると考え、「勉強することは、変身の恐ろしさのまっただ中にダイブすることだ」を主張するわけです。

以上でツイートの各文の役割を説明しましたが、さしあたり細かい点にこだわる必要はありません。まず押さえるべきは、各文の役割を明らかにする作業の出発点が〈文章全体の主張を押さえること〉であった、という点です。部分の役割は全体から与えられるので、個々の文の意味を正確につかむには全体の主張を押さえておかねばなりません。本章は、〈全体から部分へ〉という流れが文章の読解においてたいへん重要であることを、いろいろな角度から説明していきます。

以上の指摘を敷衍《ふえん》するために千葉雅也の別のツイートも取り上げてみようと思いますが、いったん寄り道してこの哲学者が何者かを手短に紹介をしておきましょう。

前章で池田晶子《いけだあきこ》のことを紹介するさい、哲学のふたつのタイプを、すなわち〈西洋の哲学者を研究する〉と〈自分の中から湧き上がる問題に取り組み、自分の考えを自分の言葉で表現する〉というふたつの形の哲学を対比しました。千葉もまた後者の種類の哲学を行なう者であり、例えば「勉強」を型破りな仕方で論じる著書『勉強の哲学』（文春文庫）を世に問うたりしています。先に引用したツイートを読んで千葉の勉強論に関心をもった方は同書を読んでみてもいいかもしれません。

ただし――ぜひとも強調しておきたい点ですが――千葉は〈西洋の哲学者を研究する〉というタイプの哲学にも取り組みます。すなわち彼はいわゆるフランス現代思想の研究を専門のひとつとしており、例えばジル・ドゥルーズという二〇世紀の哲学の巨匠の主要著作を読み解いたり、より最近の（すなわち二一世紀の）大陸哲学の思想的ムーブメントをフォローしたりしています。具体的な内容はここで知る必要はありませんが、《千葉がひとつの学派の哲学を身につけるくらい研究している》という点は見逃してはなりません。なぜならそこには〈ものを学ぶこと〉の本質にかかわる事柄がひそんでいるからです。

ポイントは、千葉はときに型破りな議論を展開する人物だが、そうした議論を行なうことができるのは彼が「型」というものをよく知っているからだ、というところ。すなわちこの哲学者は、フランス現代思想というひとつの学派のスタイルを身につけ、それによって思考の基本的な型の理解を得ています。逆に、型についてまったく理解していなければ、「型破り」を自覚的に行なうことは不可能でしょう。それゆえ《いつか既成の型に囚《とら》われない発想を生み出したい》と考えるひとは、まさにそのためにまずは一定の型を熟知する必要があります。哲学においても、初学のうちはフランス現代思想や現象学や分析哲学などの個別の学派に腰を据えて、それを重点的に学ぶことには意味があります。

千葉雅也は、ゼロ年代における彼の哲学修行時代をフランス現代思想の研究に費やし、二〇一〇年代に特定の型に囚われない独特な哲学者として頭角をあらわしました。その考察の対象はファッションやセクシュアリティあるいは文章作成の技法など多岐にわたっています。先に取り上げた『ツイッター哲学』でもさまざまな話題が取り上げられていますが、以下では私が最も「千葉的」と感じるツイートのひとつである、新宿歌舞伎町に関するつぶやきを取り上げましょう。

3　長い文章は分けて読む

「最初に東京に来た頃（若林に住んでた）、新宿二丁目に行きたくて」（『ツイッター哲学』三七頁）という彼の言葉にも表現されているように千葉にとって新宿は特別な場所らしい。ずっと関西に住んでいる私にとってさえこの感覚は少しわかります。小説や映画で華々しく描かれる新宿。私もかつて東京に出張したさい、わざわざ新宿の近くに宿をとったことがあります。

さて千葉は二〇一三年五月某日に次のようにツイートしています（ちなみに「グロッタ」という言葉はここでは美術用語であり、海辺の岸壁のような建築装飾を指す）。

老舗《しにせ》のホストクラブ「愛」の、鏡やら写真やらネオンやらを細かくちりばめた異様に悪趣味な装飾は、おそらくグロッタの一種なのだろうが、海の岩場に種々の生物が張り付いて

いるようであって、歌舞伎町の奥に歩みを進める感覚は、海の縁《ふち》を散策する感覚に似ている。（二二二頁）

これはひとつの文で書かれていますが（ここでは文頭から句点までの区切りを「文」と見なします）、「キーセンテンス」の意味を少し拡張すれば、このつぶやきについても「どこがキーセンテンスか」を問うことは意味をもちます。じっさい、「キーセンテンス」で文章全体のうちの最も重要な部分を指すとすれば、《それはどこか》を問うことは意味があります。はたして引用のツイートのどこが全体の主張を表わす最も重要な部分でしょうか。

この問いへ答える前に「文体」にかんする注意をひとつ。今回のツイートはひとつの文がえんえんと続いていくような文体で書かれています。おそらく千葉は意図的に、息の長い文のスタイルを採用しています。すなわち、句点でわけることが可能な内容を、あえて一文で途切れなく提示しています。こうした文体は文学者・蓮實《はすみ》重彦《しげひこ》に結びつけられており（彼は原稿用紙一枚分より長い一文を書きます）、引用のツイートはそうした様式を踏まえた「遊び」の側面も持ちます。それゆえ——この点を言いたかったのですが——「えんえんと続く」文体で書かれた文章は、一文を複数の部分にわけて読む必要があります。

理解の重要なステップ（5）：
えんえんと続く文は複数の部分にわけて読む必要がある。

では問題のツイートの最も重要な部分はどこでしょうか。これを特定するにはやはり《文章全体が何を言いたいのか》をあらかじめ押さえねばなりません。じつに千葉は、「愛」という個別のホストクラブのことを論じたいのではなく、歌舞伎町の奥という彼にとって特別な場所のことを語ろうとしています。そうなると最も重要な部分は文の終盤、すなわち「歌舞伎町の奥に歩みを進める感覚は、海の縁を散策する感覚に似ている」という箇所です。この感覚を伝えるために問題のツイートは書かれた、ということです。

さて、例によって例のごとくですが、いったんキーセンテンス（今回はキーになる部分）が特定されると、その他の部分の役割も理解できます。ツイートの序盤から中盤にかけては《ホストクラブ「愛」の装飾が磯辺《いそべ》に生息する雑多な生物のようだ》と述べていますが、これは終盤の主張を引き出すための個別的観察です。千葉はこうした装飾に歌舞伎町の奥地の雰囲気が凝縮されていると考え、ここから「歌舞伎町の奥に歩みを進める感覚」がどのようなものかを捉えなおします。ではそれは何かと言えば「海の縁を散策する感覚」です。それゆえその場所をウロウロすれば意外な場所に洞穴を発見できたり（例えば穴場のバーを見つけたり）あるいはグロテスクな生き物を踏み付けたり（例えば面白くも低俗な品物を見つけたり）するでしょう。地質学者や生態学者が磯辺に見出す楽しみを、ひとは歌舞伎町の奥地に見出すことができるということ。――以上のように千葉は、新宿・歌舞伎町を〈海の縁〉や〈磯辺〉と捉え、《なぜ彼にとってこの土地が特別なのか》を説明します。

ところで本書の読者には中学生や高校生も含まれるでしょうが、そうしたみなさんは歌舞伎町の奥地へ足を踏み入れるにはまだ早いと思います。大人になってから行きましょう。楽しいところです。

4　十全なキーセンテンス

本章はここまで〈文章全体の主張をつかむこと〉の重要性を強調してきましたが、以下もこの点の説明を続けます。考察の角度を変えるために別の素材を取り上げます。現代の日本で最も著名な哲学者のひとりである永井均《ながいひとし》の『新版　哲学の密《ひそ》かな闘い』（岩波現代文庫、二〇一八年）の文章を読んでいきたいと思います。

この本は永井がいろいろな場面で書いた文章を集めたものですが、その冒頭には『朝日新聞』の夕刊に連載した人生相談が収められています。ここではまず「大学へ行く意義は何ですか」という質問へ答える文章を見てみましょう。永井は以下のように回答します。


ときどき、高校までの勉強は嫌いだったけど大学の勉強は好きだ、という人がいます（逆のひともいますが）。同じ「勉強」といっても根本的な違いがあるからです。

高校までの勉強は（残念ながら）学問そのものというよりは、現在までのところ知られている学問の成果を理解して記憶することが中心です。歴史を例にとって説明してみます。高校までは、現在のところ史実とされている内容を記憶し、定説となっている因果関係を理解することが中心です。そのような史実はどのような手続きを経て史実とされるに至ったのか、多くの知られている史実の中から、どうしてこのような史実がピックアップされて教科書が書かれているのか、そして、過去にそういうことが起こったからといって、それが何だというのか。——といった最も肝心のところが素通りされています。

大学に入って初めて、答えではなく「問い」を、学ぶことができるのです。それと同時に、いま学者たちの意見が一致していない、最先端の論争状況を知ることができます。その二つはつながっているからです。面白いとは思いませんか。（六頁）

これは原文全体ではないのですが（最後の一段落を省きました）、引用箇所は完結した内容をもちます——それゆえここだけを切り出して読んでも十分に意味をもちます。では引用箇所のキーセンテンスはどれでしょうか。どこが文章の主張を表現する最も重要な部分でしょうか。

今回の文章のキーセンテンスは比較的見つけやすいと思われますが、その理由はこの文章の目的があらかじめわかっているからです。永井は「大学へ行く意義は何ですか」という質問に答えるために引用の文章を書きました。それゆえ文章全体が行なっていることは〈大学に行く意義〉の説明です。こうなると引用の終盤、すなわち「大学に入って初めて、答えではなく「問い」を、学ぶことができる」が、キーセンテンスであることがわかります。高校までの勉強で学べなかったことが大学では学べる、これが大学へ行く意義だ、ということです。

とはいえ話はここでは終わりません。なぜなら、いったんキーセンテンスを特定したあとに文章全体を捉えなおすと、それによって《より十分なキーセンテンスはどのあたりか》を突き詰めることができるからです。以下、〈十全なキーセンテンスを突き詰める〉という作業を行なっていきたいと思います。

第一に押さえるべきは、キーセンテンスが現われる終盤以前、すなわち文章の序盤と中盤では〈高校での勉強〉の特徴が指摘される、という点です。すなわち永井によれば高校での勉強は

・学問の成果すなわち「答え」を理解して記憶することが中心。
・学者たちの意見が一致している定説が学ばれる。

というふたつの特徴をもちます。それゆえ、例えば歴史の授業では、《教科書で紹介される史実はどのような手続きを経て史実とされるに至ったのか》や《そうした史実を知ることの意味は何か》などの難しい問題はまったく取り上げられません。

さて、永井によれば、大学での勉強は高校でのそれと大きく異なります。文章の終盤はこの点を指摘するのですが、それによると大学での勉強の特徴は次です。

・「答え」を導き出すまでの「問い」が取り上げられ、「問い」を学ぶことができる。
・学者たちの意見が異なる問題が取り上げられ、最先端の論争を知ることができる。

永井は――今回の文章を読み解くさいにここが重要ですが――高校の勉強と大学のそれのあいだに明快な対比を置いています。すなわち、「答え」だけが扱われる高校にたいして「問い」も扱われる大学、そして学者の意見が一致する「定説」が学ばれる高校にたいして学者の意見の一致しない「論争」を知ることのできる大学、というカッチリした対比が述べられています。それを踏まえて永井は《高校まででは学べなかったことが大学で学べる》という点に「大学へ行く意義」を認めます。

永井が大学と高校のあいだにくっきりとしたコントラストを置いている点に注目すると、キーセンテンスを広めにとったほうがよいとわかります。すなわち、「大学に入って初めて、答えではなく「問い」を、学ぶことができ」、「同時に、いま学者たちの意見が一致していない、最先端の論争状況を知ることができ」る、というのがキーセンテンスだということが分かります。このふたつの点が、高校の勉強と比して、大学の学びの新しいところです。ちなみに――永井自身が最後に注記しているように――このふたつは「つながっている」と言えますが、それは《問いを学ぶことは論争を学ぶことにつながり、そして逆もそうだ》ということを意味します。

以上で〈十全なキーセンテンスを突き詰める〉という作業を行ないましたが、この作業の重要な特徴に触れておきましょう。それは、こうした作業において、「キーセンテンス」らしき箇所をいったん押さえたうえで、文章全体を読み返し、キーセンテンスを正確に捉えなおす、という「行ったり来たり」の運動が行なわれているという点です。この「行ったり来たり」の重要性は次章でさらに踏み込んで説明されるでしょう。

先に永井均を「現代の日本で最も著名な哲学者のひとり」と呼びましたが、そもそも哲学者はその分野で最も名の知れたひとですら世間一般ではそこまで知られていませんので、このひとについても人物紹介をしておきたいと思います。彼は一九五一年生まれですが、ロングセラーである『〈私〉のメタフィジックス』（勁草書房、一九八六年）を公刊して以降、〈私〉にまつわる神秘を論じつづけている哲学者です。

〈私〉にまつわる神秘とは何か――これについては後で永井自身の説明を読むことで確認す

ることにしましょう。ここではこのひとの哲学のスタンスを見ておきたい。永井均は、日本の哲学の歴史においてはなかなか珍しく、自分の言葉で一から問題を練り上げるタイプの哲学者です。これについて彼自身曰《いわ》く、

哲学することは、哲学的であるとされている出来あいの問題にとりくみ、斬新な見解を提出しようと努めることではない。哲学を志す者は、何が哲学的な問いであり、何がそうでないかを、自分自身の哲学において定義しなおす義務がある。（『〈私〉のメタフィジックス』三頁）

ここでは、哲学の議論は決して〈それまで「哲学の問い」とされてきたものをそのまま取り上げる〉という仕方で開始されてはならない、と言われています。では哲学の議論はどのような仕方で始められるべきでしょうか。それは、引用によれば、〈自分の言葉で「そもそも何が哲学の問いなのか」を語りなおす〉という仕方によってです。永井自身はじっさいにこのスタンスで長らく哲学に取り組んでおり、彼が「哲学の問い」と見なすものもどんどんと深められています。

先に、永井のようなタイプの哲学者は日本哲学史においてはなかなか珍しい、と述べました。この指摘には補足説明が必要でしょう。「哲学（philosophy）」は――現在の常識的な捉え方では――明治期にはじめて西洋から日本へ輸入された学問であり、それ以来、本邦の哲学はほとんどつねに西洋哲学を思考の源泉にしてきました。具体的には、ドイツやフランスやイギリスやアメリカでそのときに話題になっている事柄を調査して、それを踏まえてものを考える、という仕方です。これに対して永井均はいわば「自分の直観」から哲学の問いを立ち上げるひとであり、わが国の哲学において特異点のような存在になっています。その結果、彼の展開する議論は、外国の哲学書をいろいろ猟歩しても対応物が見出《みいだ》せない「独位な」ものになっていると言えます。

ただし現代の日本哲学において「永井タイプの」哲学者は決して彼ひとりではありません。池田晶子や千葉雅也もそうしたところがありますし、これ以降も本書はこのタイプの哲学者をさらに幾人か取り上げることになるでしょう。

5　「〈私〉の神秘」を読み解こう

では〈私〉の神秘について。彼はこれをいろいろな場所でいろいろな仕方で論じていますが、例えば『新版 哲学の密かな闘い』に所収された論考「〈今〉と〈私〉の謎」の冒頭部は簡潔で便利です。それは以下のようなもの。

他人には意識があるかどうかはわからないから、他人はひょっとすると（意識がない人をゾンビと呼ぶなら）ゾンビかもしれない。そうではないことを確かめる方法は存在しないのに、それでもわれわれが他人をゾンビでないと信じて疑わないのはなぜか。これは哲学の世界で他我問題といわれる問題である。それはそれで、けっして無意味な議論ではないだろう。しかし、少なくとも私自身は、そんな問題を自ら感じたことは一度もない。私が幼少期から感じていたのは、一見それと似ているが実はまったく違う疑問――同じ人間のなかに、大多数の普通の人たちと並んで、私であるというあり方をしたやつが一人だけ存在している、こいつは何なのか（この違いはいったい何に由来しているのか）、そしてなぜ二〇世紀の日本に生まれた永井均というやつがそれなのか、という疑問であった。たとえ他人たちがゾンビでないことが完璧に証明されたとしても、この疑問は深まりこそすれ治まりはしない。

だが、さらに驚くべきことに、この問いは実はそもそも立てることができない問いなのである。なぜなら、この意味での私（であるという特殊なあり方をしたやつ）は実在しないからである。そういうやつが実在することを、もし私が問おうとすれば、私は永井均の存在を問うか、一般的な（超越論的）自我の存在を問うか、どちらかしかできない。言語を使ってこの問いを立てる方法は存在しないのである。なぜなら、言語《ロゴス》は自他に共通の存在者の存在を起点として初めて成り立つ、世界が本質的に一枚の絵に描けることを前提にした世界把握の方法だからである。（七一―七二頁、傍点強調は原著者による）

この文章は〈私〉の神秘を説明するものですので、《これが何であるか》の核心に迫る箇所がキーセンテンスになります。以下、全体の主張を理解するために、引用の文章を次の三つのステップに分けて読んでいきましょう。

（1）他我問題を説明するステップ
（2）私をめぐる問いを提示するステップ
（3）この問いが「立てることができない問い」であることを指摘するステップ

（1）例えばロボットの特徴のひとつは心をもたないことだと言える。ここで「心をもたない」というのは、内面がなく、意識をもたないということだ。さて人間のように振る舞うのだが内面がなく意識をもたない存在を「ゾンビ」と呼ぶことにしよう（この定義に従えば人型ロボットはゾンビの一種であることになる）。すると問いがひとつ生じる。私の周りには多くの他人がいるが、はたして他人はゾンビでないのか。なぜなら《他人が内面をもつこと》や《他人が意識をもつこと》は、私には確かめようがないから。しかしながらそれでも私たちは他人に内面および意識があると信じている。そして《なぜ私たちはそう信じているのか》という問いが「他我問題」と呼ばれる問いだ。

——だいたい以上のようなことを永井は引用の序盤で述べます。要点を繰り返せば、他人が内面の心をもつことを私は確認しようがないのに、いったいなぜ私は《他人は心をもつ》と信じているのか、がここで言う「他我問題」です。（1）の部分はこの問題を説明するパートですので、《それをどう解決するか》を考えるよりも先に、永井が何を「他我問題」と見なすかを捉えることのほうが重要です。

（2）他我問題は、私（永井）がずっと考えてきた問題とは異なる。私はむしろ《なぜ私は永井均なのか》を考えてきた。私はべつに例えば山口尚《やまぐちしょう》であってもよかったかもしれないが、じっさいには私は永井均である。なぜなのか。あるいはそもそもこの「山口尚であってもよかったがじっさいには永井均であるところの私」とは何か。どうしてこんな私というものがあるのか。《永井均はいるのだが私はいない》という可能性を考えれば、《私がある》ということの不思議さはますます強烈になる。こんな具合に私はずっと私の存在を問うてきた。どうしてこんな私があるのか、と。

——引用の中盤はこうしたことを論じています。押さえるべきは、永井均という個人と〈私〉とが区別できる、という点です。この点をつかめば《どうしてこんな私があるのか》という問いも理解できます。ここはもう少し説明が必要かもしれません。

例えば私は山口尚ですが、立ち止まって考えれば《私が村上春樹である》という事態は容易に想像できるとわかります。これは《村上春樹の行なった仕事を山口尚が行なっていた》などの事態ではありません。むしろ、現実の山口尚と現実の村上春樹がそのまま存在するのだが、私は（山口尚のほうでなく）村上春樹として世界を体験している、という事態です。このように永井が論じる〈私〉は村上春樹でも永井均でも山口尚でもありうる何かだと言いうるかもしれないのですが、こうした〈私〉については哲学的な問いが生じます。いったいなぜ私は（村上春樹でもありえたのに）山口尚であるのか、そもそもなぜ私というものが存在するのか、と。

じっさい私はあるとき気づいたら「山口尚」という人間として生きていました。とはいえ別の人生も可能です。例えば、この私――これを永井は山括弧つきで〈私〉と表現しますが――があるとき気づいたら「村上春樹」という人間であってこのひととして生きる、という可能性もありえました。この点に鑑みると、なぜ〈私〉は私なのか、〈私〉は他でもなく山口尚なのか、という問いが生じます。これが（2）で提示される「私をめぐる問い」です。

（3）以上を述べるだけでは問題の核心に迫らない。見逃してはならないのは、「なぜこんな私があるのか」という問いは言葉で表現することができない、という点である。じつに、私が「私」という言葉をつかってあなたに「どうしてこんな私があるのかは謎だ」と述べるとき、この「私」という語はあなたが確かめられる存在を指さねばならない。とはいえ――ここが重要だが――「私」という語で私が意味しようとしているものは、あなたには決して確かめられないものである。もし「実在」という語で私にもあなたにも確かめられる客観的存在を指すとすれば、この意味では私は実在しない。そして私をめぐる問いが「どうしてこんな私があるのか」と言葉で表現されるとき、「私」という語は何か実在を指すものと解釈され、その結果、問いの意味が誤解される。このように〈私〉については、言葉で表現することのできない問いがあるのだ。

――これが引用終盤で論じられることです。「一般的な（超越論的）自我の存在」などの難しい用語の解説は残っていますが、はじめから全部理解する必要はないでしょう。大事なのは〈とりあえず全体の趣旨を理解できるようになること〉です。

他我問題を紹介するさいに《他人の内面の存在は私には確かめようがない》と言われましたが、これとの関連で（3）は《私が「私」という語で何を指しているかは、あなたには決して確かめられない》と指摘します。だがそうなると、私が「どうしてこんな私があるのか」と言ったとしても、あなたはそれを理解できないはずです（なぜならここでの「私」が何を指すのかは決してあなたにはわからないから）。したがって〈私〉にかんする永井の問いは伝達可能な文章では表現できません。ただしこれはその問いが存在しないことを意味しません。永井が強調したいのはむしろ次です。言葉では表現できない問いが存在する、と。

さて全体を振り返りましょう。永井は、永井均という個人と〈私〉とを分けたうえで、《なぜこんな私があるのか》と問いますが、引用の文章全体の力点はこの問いが言語で表現できないことの指摘に置かれています。それゆえ永井が考え続けている〈私〉の神秘は、

《どうしてこんな私があるのか》という不思議にとどまらず、こうした問いがたしかに存在するにもかかわらず言葉で表現できないという一種の不条理も含むでしょう。それゆえ引用の文章のキーセンテンスは「この問いは実はそもそも立てることができない問いなのである」（二段落目の第一文）であることになります。永井はこう述べることで〈私〉の神秘の一段深い次元へ踏み込んでいきます。

おそらく大半の読者にとって二番目に取り上げた永井の文章はかなり難しい部類に入ると思いますが、それはある意味で「自然なことだ」と言えます。なぜなら彼の伝えようとする内容がいわば読者を選ぶところがあるからです。じっさい、もしみなさんの中にもとから永井均のような感性をもっていたひとがいれば（いるとしてもたいへん少数でしょうが）、そうしたひとにとっては二番目の文章もたいして「難しく」ないでしょう。永井の文章の「難しさ」の質がこの種のものだ、という点は知っておいて損はないと思います。

このように二番目に取り上げた永井の文章は一種の「難しさ」を具《そな》えるのですが、それでも〈文章全体の主張を押さえたうえでキーセンテンスを特定する〉といったやり方が役に立たないわけではありません。いや、むしろ、必ずしも永井均と感性を共有しないひとこそ、こうした正攻法を採る必要があります。じっさい、文章のポイントを直感的につかめない場合には、全体と部分のあいだを行ったり来たりして段階的に理解を深めていく以外に道はありません。もちろん私の先の読解には永井の意を尽くさない面がありえますが、少なくとも「何となく感覚的に読もうとしたときよりも正確な理解に達することができた」とは言えるはずです。

本章は全体として〈文章全体の主張を捉えること〉の重要性を強調してきました。本章のスローガンは次です。すなわち、全体を制さぬかぎり部分を制することはできない、と。とはいえじつのところ逆も成り立つのです。すなわち、部分を制さぬかぎり全体を制することはできない、とも言えるのです。だがこうなると話が循環してきます。全体が先か、部分が先か。次章では文章読解におけるこうした循環を詳しく見ていきましょう。

第三章　グルグル回りで読み解く

1　読解の矛盾

第一章と第二章で難しい本を読む方法のふたつの側面が説明されました。はじめにそれらを振り返りましょう。

第一に、ひとまとまりの文章が何を言っているかを理解するさいには、キーセンテンスを見つける必要があります。ここでの「キーセンテンス」は文章全体の主張を表現する文を指すのですが、これをつかむことで文章が最終的に言いたいことを把握することができます。

第二に、キーセンテンスを探し出すためには、文章を眺め渡したうえで、この文章が全体として何を言おうとしているかを押さえておく必要があります。じっさい、文章のそれぞれの部分の意味は相互のつながりをとおして定まるので、文章全体の理解がなければ《どこがキーセンテンスなのか》もわかりません。前章で「全体を制さぬ限り部分を制することはで

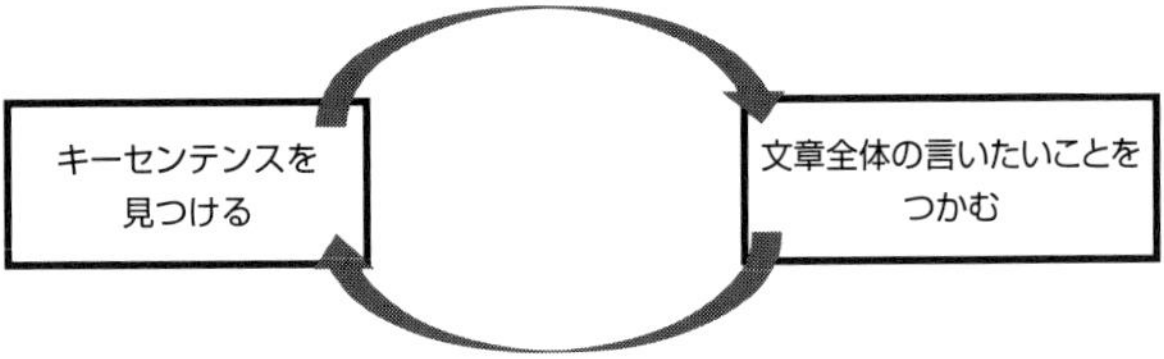

きない」と言われましたが、〈全体から部分へ進む〉という流れは難しい本を読むさいにたいへん重要です。

では――と徐々に本章の話題へ進んでいきますが――文章全体が言おうとしていることはどうやってわかるのでしょうか。この問いの答えは「それを表現するキーセンテンスを見つけることによって」以外にありません。すなわち、文章全体の中から、最も主張したいことを述べている文（すなわちキーセンテンス）を見つけ出して、ここから文章が根本的に言いたいことを把握する、というやり方以外にないのです。それゆえ抽象的には次のように言えるでしょう。全体を理解するには、部分をひとつずつ見ていくしかない、と。

以上を聞いて「変だ！」と声をあげるひとがいるはずです。じっさい、以上の話には変なところがあります。なぜなら私は、《キーセンテンスを見つけるのは文章全体の言おうとしていることを押さえておく必要がある》と指摘したにもかかわらず、《文章全体の言おうとすることをつかむには、その部分をひとつずつ見ていって、キーセンテンスを見つけ出さねばならない》と述べているからです。こうなると話はグルグル回りになります。これは「タマゴが先か、ニワトリが先か」に似た状況ですが、図示すると右上のようになります。

キーセンテンスを見つけるためには文章全体の言いたいことをつかまねばならないが、文章全体の言いたいことをつかむにはキーセンテンスを見つけなければならず……。一般に、Aを知るためにはBを知っておかねばならないが、Bを知るためにはAを知っておかねばならない、となればけっきょくAもBも知ることができなくなりそうです。だがそうなると本書で紹介する〈難しい本を読む方法〉は役立たずになるのではないでしょうか。

本章はこの問いへ答えることを目指します。たしかに本書で紹介する〈難しい本を読む方法〉には「堂々巡り」のような何かが含まれます。とはいえこのやり方は有用です。それだけではありません。じつに、難しい本を読むさいには、「堂々巡り」をうまく使いこなすことこそが重要なのです。この意味で、先に図示した「グルグル回り」は――意外かもしれませんが――文章読解の秘訣《ひけつ》の一部だと言えます。本章はこうした点を説明していきます。

2　グルグル回りに入り込む――解釈学的循環について

文章を理解するさいには何かしらの「グルグル回り」がつきものだ、という考え方は現代の哲学のいろいろなところで言われていますが、一九世紀のドイツに体系化された「解釈学」という思想はまさにこの種の循環をテーマとします。日本の代表的な解釈学研究者・塚《つか》本正明《もとまさあき》の説明を見てみましょう（『現代の解釈学的哲学――ディルタイおよびそれ以後の新展開』世界思想社、一九九五年）。

一般に文章は、読み始めの段階では、何を言っているか明らかでありません。すなわち、どこが重要な部分かもわからないし、全体として何が述べられているのかも判明でありません。ここで塚本は文章の部分‐全体の関係について次のように述べます。

［……］部分の意義を規定するには、まず全体の意味連関を予想しなければならず、また逆に、全体の意味連関をじっさいに確定するには、部分の意義規定をまたねばならないということになる。ここに、よく知られた「解釈学的循環」が必然的に生じるわけである。

（一七頁）

ここでは、部分の意味を決定するには全体の意味のつながりを想定せねばならないが、全体の意味のつながりをつかむには部分の意味を押さえておく必要がある、と言われています。そして塚本は――解釈学の習わしに従って――この堂々巡りを「解釈学的循環（hermeneutic circle）」と呼ぶのですが、解釈学的循環は本書の最重要の概念でもあります（この語のより正確な意味は後で説明されます）。

さて、もし塚本の引用の指摘が正しければ（すなわち文章を読むさいに、部分の意味を知るには全体の意味を知らねばならず、全体の意味を知るには部分の意味を知らねばならないのであれば）、いったい私たちはどうやって文章を読むのでしょうか。答えは「このグルグル回りにうまく入り込むことによって」です。じつに、文章を読み始めるときには各部分の意味も全体の主張も未知ですが、ひとは部分と全体を「行ったり来たり」することによって徐々に内容を汲《く》み取っていくことができます。そして、《各部分が何を述べているか》と《文章全体が何を言っているか》とがかっちり噛《か》み合ったとき、ひとはその文章を完全に理解できたことになります。要するに、堂々巡りの中を行ったり来たりして、全体と部分を齟齬《そご》なく理解することを目指す、というのが読解の正攻法なのです。

理解の重要なステップ（6）：
全体の主張と各部分の意味をそれぞれ理解するには、全体と部分の「グルグル回り」にうまく入り込むことが大事。

この点は――思い出すひとも多いでしょうが――前章で前もって触れました。すなわち前章では永井均の「大学へ行く意義」にかんする文章を読みましたが、そこでは〈いったんキーセンテンスらしい箇所を押さえたうえで、文章全体を読み返し、キーセンテンスを捉えなおす〉という往復運動が行なわれました。これが「グルグル回りにうまく入り込むこと」のひとつのやり方です。私たちは行ったり来たりすることで永井の文章を的確に理解することができました。そしてこれはどの文章にかんしても成り立ちます。けっきょく「読む」とは、全体と部分を行ったり来たりしながら噛み合った理解を目指すことなのです。

3　整理された条件を読み取る

本章はこれから「グルグル回りにうまく入り込むこと」をひとつの例で実演します。東京大学で教鞭《きょうべん》をとる哲学者・鈴木泉《すずきいずみ》の文章を取り上げましょう。それは「きれいなものはどうしてきれいなの？」という問いに答えて書かれた、小中学生とその保護者向けの文章です（「飾りとしてのきれいなものから美しいものへ」、野矢茂樹編『子どもの難問』中央公論新社、二〇一三年、一二四―一二六頁）。鈴木は哲学史の権威ある研究者であり、その著作は硬質な哲学用語を畳みかけるものが多いのですが（これはこれで魅力がある）、彼はこれから読むような柔らかい文章を書くしなやかな感性も具《そな》えています。これは私が一読して大いに感心した文章でもあります。このひとはこういうのも書けるんだ！　という感じです。

鈴木の文章の目標は「きれいなものはなぜきれいなのか？」という問いへ答えることです。この哲学者ははじめに、色鮮やかな服や靴あるいは俳優・歌手の顔などが「華やかで整っているとき」にひとは思わず「きれいだな」と言ってしまう、と指摘し次のように続けます（一二四頁）。

きれいという言葉は、たとえば「きれい好き」というような表現において示されるように、整理整頓がなされていて、清潔な状態を示す場合もあるけれど、そのような意味でたんによごれがないという状態は、華やかさを欠いているから、思わず「きれいだな」と呟くような魅力をもたない。他方、華やかではあるけれども、整った秩序、端正な均衡といったものを欠いているときには、きれいという言葉をもらすことがあるにしても、華やかさの刺激が強すぎ、ときに眩暈《めまい》のようなものを感じてしまって、それを愛でることができなくなる。クリスマスの飾り付けが過剰になりすぎたり、あまりに多く打ち上げられた花火が乱舞するとき、きれいを通り過ぎて派手なものとなって、悪趣味と言わざるを得なくなるように。華やかさと整っていることに加えて、きれいなものには、それを愛でるに相応しい適切なサイズが必要である。万華鏡の華麗にして整った小さな世界こそきれいなものの典型だろう。

だから、きれいなものや人はかわいいものと近さをもっている。盆栽からフィギュアにいたるまで、私たちの文化においては、小さなものに宿る端正な均衡といったものへの偏愛が存在するとはよく言われることだが、そういった小さなものの世界の可愛らしさを愛

でる感性が、きれいなものや人を私たちが褒める仕方を方向づけている。（一二四—一二五頁）

引用箇所は私たち（とりわけ日本人）が何を「きれい」と見なすかの条件を分析しています。鈴木によればその条件は三つあり、①華やかであり、②極端に走らぬ端正な均衡を具えており、③大きすぎないものが「きれい」とされます。じっさい、思わず「きれいだなあ」とつぶやいてしまうものは、華やかで整っている適度な大きさの何かです。例えば——鈴木の挙げる例を繰り返せば——整理整頓されているだけの部屋は、華やかさを欠く場合、「きれいだ」と言わせる魅力をもちません。また多すぎる打ち上げ花火は、たとえ華やかであっても端正さを欠くので、観衆に「きれいだなあ」と言わせることができないでしょう。加えて日本人は《大きいなあ》と思うと同時に《きれいだなあ》と感じることがたいへん少ない。私たちの「きれいさ」の概念はどちらかと言えば「小さいもの」に結びついています。

以上のように分析して鈴木は、日本の文化においては「きれい」と「かわいい」とのあいだに近さがある、と指摘します。というのも、もし何かを「きれい」とするための条件が華やかさ・端正さ・小ささの三つだとすれば、これは「かわいい」の条件と重なるからです。

鈴木は「万華鏡の華麗にして整った小さな世界」を（日本人にとっての）きれいなものの典型と見なしますが、万華鏡を覗《のぞ》いたときに見える世界はかわいくもあります。私たちは万華鏡が作り出す文様のようなかわいいものを「きれい」と見なす――このように鈴木は論じます。

さて、問題の文章をここまで読み進めると、《私たちは華やかで整っていて小さいものを「きれい」と見なす》が鈴木の言いたいことだと理解されます。この主張は「きれいなものはどうしてきれいなのか？」という問いへの答えになっており（すなわち「きれいなものは、それが華やかで整っていて小さいから「きれい」とされる」という答え）、文章全体の目標を果たしています。それゆえキーセンテンスは一段落目の分析の末尾――「万華鏡の華麗にして整った小さな世界こそきれいなものの典型だろう」のあたり――と把握されます。要するに、私たちが「きれい」と感じるものは華やかで整っていて小さいものだ、と言われているわけです。

4　理解を更新しながら読む

私自身も引用の末尾まで読んで鈴木の言いたいことを以上のように理解しました。とはいえ《いったん形成された理解がその後もずっと維持されるか》はケース・バイ・ケースです。そして、鈴木の今回の文章にかんしては、さらに読み進めることで全体の理解が組み替えられます。すなわち〈追加の部分を読んで全体の理解が更新される〉という「グルグル回り」が生じるわけです。

じつに鈴木は先の議論に続けて次のように語ります。

だけれども、小さなもの、端正な均衡への偏愛はときにせせこましさと窮屈さとをもたらさないだろうか。きれいという表現ほどは日常において用いられない言葉がある。美しいという言葉である。美しいという言葉をもらす瞬間は日常においてそうあるわけではないが、美しいものや人との出会いは、出会った後の生き方を大きく変える。典型は、自分を包み込むような自然の姿、まっすぐな生き方を体現するような人のすっとした立ち姿、そして、音楽を始めとする芸術だと思う。愛でるのではなく、自然やその人や音の織り成す空間へ思わず連れて行かれる経験をもったときに美しいという言葉はもれる。きれいなものはいつも飾りに過ぎない。飾りとしてのきれいなものを愛でて遊ぶことも大切だが、本当に大切なものとの出会いは美しいものや人がもたらす。子どもが大人になりかけるときに恋愛が大きな役割を果たすのはその好例である。（一二五―一二六頁）

ここでは、何かを「きれいだ」と愛でるのは価値のないことではないが、人生においては美しいものとの出会いの方が重要だ、と指摘されています。なぜなら――鈴木によると――きれいなものはせいぜい〈飾り〉としてのすばらしさを具えているだけであり、これに対して美しいものはひとの「生き方を大きく変える」力をもつからです。例えば私は高校生のころに数学の美しさに触れて、理学部に入ることを決心しました。けっきょく理学部に合格したものの一年で哲学をまなぶために転学部するのですが、数学的な美しさはその後の私の思考を方向づけています。あの美しいものとの出会いなしに現在の私はない、とさえ感じられます。

鈴木の言いたいことを正確につかむには《何を「きれい」とし、何を「美しい」とするかはひとそれぞれだ》という事実に目を向ける必要があります。例えばカラフルな衣服は私にとってたんにきれいなものに過ぎませんが、ひとによってはファッションに「美しさ」を見《み》出《いだ》し自分の進む道を決めることもあるでしょう（例えばデザイナーのうちにはこうした人生を歩むひとがいるはずです）。ここで押さえるべきはむしろ〈きれいなもの〉と〈美しいもの〉の効果の違いです。前者には生き方を変える力はありませんが（それは飾りの価値をもつだけです）、後者にはそれがあります。《何が美しいか》はひとそれぞれだが、自分にとっての「美しいもの」と出会うことによってひとは生き方を変える――それゆえ鈴木は美しいものとの出会いが重要だと述べるのです。

話がここまで進めば、ひとつ前の引用の読み方も変化します。鈴木の文章は〈美しいものの重要性〉を主張することにウェイトを置いており、「きれい」の分析はその露払いです。先にいったんキーセンテンスを仮に置きましたが、いまや文章全体の流れは次のように理解しなおされます。すなわち、私たちは華やかで端正で小さいものを「きれい」と見なすが、きれいなものはせいぜい飾りに過ぎず、人生においては生き方を変える美しいものとの出会いのほうが重要なのだ、と。こうなるとキーセンテンスは二番目の引用の終盤の一文――すなわち「飾りとしてのきれいなものを愛でて遊ぶことも大切だが、本当に大切なものとの出会いは美しいものや人がもたらす」――になるでしょう。けっきょく鈴木は「きれいなものはどうしてきれいか？」と問う者へ次のように応じるのです。君はきれいなものに関心があるようだが、もっと大切なものがあるのだ、それは美しいものである、と。

以上のように鈴木の文章は「グルグル回る」仕方でうまく理解できました。振り返ると、ひとつめの引用を読んだときは「きれい」の分析が話の中核だと理解されました。そしていったんこのように理解することは必要な過程です（なぜなら、いったんこう理解したからこそ、二番目の引用にどんでん返しがあることがわかるからです）。他方で、第二の引用の末尾まで読み進めれば、ひとつめの引用はいわば「助走」であったことが明らかになります。押さえるべきは、読解の過程で《文章全体が何を言っているのか》の理解が更新し、ひとつめの引用の位置づけが変化した、という点です。「読書とは行ったり来たりの運動だ」と言えるのですが、その理由はこのあたり。すなわち、読解を一歩進めるごとに全体と各部分の理解が更新される、ということです。

読むことの重要な特徴（1）：
読み進めるうちに文章の全体および各部分の理解は更新されていく。

5 「前から順番に読む」は落とし穴

以上を踏まえて〈難しい本を読むさいの正攻法〉を一般的に説明しましょう。まず押さえるべきは、鈴木泉の文章を追うさいに生じた「グルグル回り」はあらゆる読書で生じうる、という事実です。鈴木の文章については、いったん全体の主張が《ひとは華やかで整っていて小さいものを「きれい」と感じる》と捉えられたうえで、続きの部分を読み進めることで全体の趣旨は《きれいなものを愛でるよりも美しいものと出会うことが大事だ》というものに捉えなおされました。このように〈部分と全体とのあいだを行ったり来たりすること〉は読解に不可避の動きです。全体と部分のあいだを右往左往して、嚙み合った理解に到達したとき、文章がわかったことになります。

第一章の冒頭で「難しい本をいつも理解できるような確実なやり方はない」と述べましたが、この指摘の意味はいまやより深い次元で理解できます。さきに《文章の読解においてはグルグル回りにうまく入り込むことが不可欠だ》と述べられました――だがじっさいにうまく入り込めるかはやってみるまでわかりません。失敗するリスクはつねにひそんでいます。

じっさい《部分の意味を決定するには全体の意味のつながりを想定せねばならないが、全体の意味のつながりをつかむには部分の意味を押さえておく必要がある》という堂々巡りが成り立っている場合、行ったり来たりの努力を重ねたにもかかわらず、けっきょく部分の意味も全体の主張もわからなかったという結末はありえます。私自身にとっても、いくつかの文章は全体も部分もわかりません。いや正確に言えば、全体の主張がわからないから部分の意味がわからず、部分の意味がわからないから全体の主張がわからない、ということ。こうした袋小路から抜け出せない、というのは難しい本を読むさいにしばしば生じることです。

　以上の点は重要なので別の角度からもう一度説明させてください。ここまで繰り返し《全体を制さぬ限り部分を制することはできないが、部分を制さぬ限り全体を制することはできない》と強調してきました。だがこうなると、まずは全体と部分の意味を「仮説的に」予想して、それがたまたま嚙み合ったときに文章は理解される、とならざるをえません。もちろん私たちは練習を通して読解の成功の可能性を増大させることができます。とはいえ与えられた文章を理解できるかどうかに（根本的な次元で）偶然性が関与することは否定できません。全体と部分のあいだを行ったり来たりして頭を悩ませたあげく、部分の意味も全体のつながりもわからずじまいだったということもありうるのです。

それでも――ここからが肝心ですが――〈全体と部分を行ったり来たりする〉という読み方が正攻法であることも否定できません。この点は心に刻みつけておく必要があります。というのも「グルグル回りにうまく入り込むこと」が読解の正攻法だと知らないひとは、〈文章を前のほうから確実に理解する〉といったいわば「ありもしない便法」に頼ってしまい、却《かえ》って理解に失敗する頻度を高めてしまうだろうからです。読み手はむしろ、部分の意図がわからないときには全体を俯瞰《ふかん》する視点へジャンプし、全体の趣旨がつかめないときには重要そうな箇所を探す、という右往左往を行なう必要があります。こうした往復運動によってのみ文章の意味は明らかになるのです。

それゆえ安易に〈難しい本をいつも理解できる確実なやり方〉を求めてはなりません。もし「こうやれば絶対に読める」と喧伝《けんでん》しているハウツー本があるとすれば、そこには真実よりも多くの虚偽が含まれています。その一方で《正攻法は存在する》という点も意識しておくべきです。難しい本を前にして、《全体の言いたいことは何か》と《各部分の役割は何か》とを同時並行的に行ったり来たりしながら考え、一歩ずつ読み進めていくこと――これこそが文章を最も堅実に理解するやり方です。本書は、安易に〈確実な必勝法〉を求める姿勢を戒めますが、不確実性を伴いつつも最も堅実な正攻法たる「グルグル回りにうまく入り込むこと」のほうは大いに薦めます。

じっさいこのやり方においてはどの一歩も無駄になりません。「わからないなあ」と呟《つぶや》きながら全体と部分のあいだを行ったり来たりする過程の中で読者は書物の堅い胡桃《くるみ》の皮に何かしらのひびを入れてその中に秘められた内容へ近づいていきます。ラテン語の格言に「ゆっくり急げ（Festina Lente!《フェスティーナー レンテー》）」という言葉がありますが、読解の正攻法にはその精神が宿っています。安易に急ぐひとは手っ取り早い近道を求めるでしょう。とはいえ読書においては〈全体と部分とのあいだを右往左往する〉という「ゆっくりの」道行きこそが最も早く着実に目的地に至る道なのです。

6　解釈学は読書以外にも役立つ

以上が読解の正攻法の説明です。本章の残りの箇所では第一に「解釈学的循環」という概念を一歩踏み込んで説明します。これは先に「本書の最重要概念」と言われましたが、その正確な内実は何でしょうか。本章の第2節で言及した塚本正明《つかもとまさあき》の文章をふたたび取り上げて《解釈学的循環とは何か》の理解を深めていきたい。

必ず解説せねばならないのが「解釈学」の意味です。いったい「解釈学」とは何か。この語はもともと文献の読み方（解釈の方法）にかんする学問を指しましたが、ドイツのディルタイという哲学者がそれをいわば「拡張」し現在の解釈学の基礎をつくりました。この歴史的経緯に関連して塚本正明曰《いわ》く、

ディルタイ（Wilhelm Dilthey, 1833-1911）は、一九世紀にベックやシュライエルマッハーにより体系化されていた、文献を主題とする「解釈学」（Hermeneutik）を、二十世紀初頭に「人間的 - 社会的 - 歴史的世界」そのものを理解する精神科学的方法としての解釈学へ発展させたことで知られる。（三頁）

ここでは、ベックやシュライエルマッハーというひとたちがはじめに体系化した「解釈学」が文献（書物や論文）の読み方を研究対象としていたのに対して、ディルタイがそれを押し広げて人間や社会や歴史の世界を研究対象とする「解釈学」をつくった、と指摘されています。とはいえこれはどういうことでしょうか。どのような仕方で文献の読み方の研究が人間や社会や歴史の研究へ押し広げられるのでしょうか。

この点を理解するのは難しくありません。注目すべきは、《全体は部分に依存するが、部分も全体に依存する》という循環は人間や社会や歴史にも存在する、という点です。例えば《西郷隆盛は何者か》を理解するにはそのひとの行動を知るしかありません。それゆえ私たちは、西郷という人間を理解しようとするさいには、彼がいわゆる西南戦争で新政府に反旗をひるがえしたことなどを一々確認します。他方で新政府にたいする西郷の武装蜂起が何を意味するかは（その行動の中身を観察するだけでなく）彼の人生全体の道行きから理解せねばなりません。じっさい、なぜ新政府にたいする勝ち目のほとんどない反逆に西郷が身を賭したかは、彼の「士族」としての生き方の全体を考慮せねば理解できないでしょう。他方で西郷の士族としての生き方がどのようなものかをつかむには彼の人生における個々の重要な行動をつなぎ合わせていくしかありません。このように人間を理解するさいにも「グルグル回りにうまく入り込むこと」が不可欠です。

同じことが歴史や社会を理解しようとするさいにも生じます。例えば歴史的な出来事としての「明治維新」が全体として何であるかを知ろうとするさいにも、個々の事件をひとつずつ見ていくことは避けられません。他方で個々の事件へどのような位置づけを与えるかは出来事全体の理解に依存します。このように歴史的探究にも全体と部分のあいだの「行ったり来たり」があります。また日本や英国などの個々の社会文化を理解するさいにも――もはや詳解は不要でしょうが――同様の循環は生じるでしょう。

以上を踏まえると《どうやって文献の読み方の研究が人間・歴史・社会の研究へ押し広げられるか》という問いへ答えが与えられます。というのも人間・歴史・社会はどれも重要な点で文献に似ているからです。じっさい、文献と同じく人間・歴史・社会も、それを理解しようとすれば全体と部分のあいだを「行ったり来たり」せねばなりません。グルグル回ってはじめてわかるものがある！――この点を明確に指摘したことがディルタイの不朽の業績だと言えるでしょう。

まとめると「解釈学」は、全体と部分のあいだの循環構造に着目しながら、《どのような仕方で文献や人間や歴史や社会は理解されるべきか》を考察する学問です。したがって「解釈学的循環」という語は、文献の読解のさいに生じるグルグル回りだけでなく、人間や歴史や社会を理解しようとするさいの〈全体と部分のあいだの循環〉も指します。本書はもっぱら読書の文脈で「解釈学的循環」という語を使いますが（なぜなら〈難しい本を読む方法〉がこの本のテーマなので）、この概念の通用する範囲はそれに尽きません。

以上の指摘はみなさんにとってなかなかの重要性をもちます。というのもそれは《本書の内容が読書以外のことにも役立つ》ということを意味するからです。すなわち、みなさんはここまで読んで《文章を理解するさいには全体と部分を行ったり来たりすることが必要だ》などの点をつかまれたでしょうが、じつを言えば――ここを知っておいてほしいですが――本書の第一章から第三章で学んだことは人間や歴史や社会を理解するさいにも応用可能なのです。もちろん本書で知ったことはさしあたり読書で活用できればそれで十分です。とはいえそうした実践で身につく発想法（すなわち全体を制さぬ限り部分を制することはできないが逆に部分を制さぬ限り全体を制することもできないという見方）はより広い場面で役立つにちがいありません。お楽しみに。

コラム　解釈学との出会い

塚本正明の人物紹介をしておきたいと思います。私はかつてこのひとの講義を受けたことがあります。以下、こうした点について少々。

大学生は――おそらくみなさんの大半がすでにご存じのように――自分の受ける授業を自分で選ぶことができます。言ってみれば、レストランのバイキングで好みの料理を皿に盛りつけるように、たくさんの講義の中から自分の出たいものを選んで時間割を組み立てる、という具合です（必修の科目もあるのですが）。二〇世紀の終わりごろに京都大学へ入学した私はいわゆる一般教養科目のひとつとして「西洋社会思想史」の講義をとることを選びました。これを担当していたのが塚本正明でした。

とはいえ学部一回生のころの私は塚本が何者かを知らず、私にとって彼はワン・オブ・ゼムの教師に過ぎませんでした。彼はレジュメを配布してたんたんと講義を進めるタイプの教師であり、彼から私はホッブズやルソーにかんして基本的なことを学んだと記憶していますが、その思い出は決して刺激的な出来事に彩られていません。私のほうもたんたんと授業を受け——ともに受講していた学友が塚本について「声が心地よい（眠気を誘う）」と言っていた気がします——たんたんとレポートを提出して単位をとりました。

それから数年後、私は研究者を志望する大学院生になっていました。西洋哲学を専攻し、いろいろな本を読み漁《あさ》る日々。あるとき、神戸三宮の古書店で、見覚えのある名前の著者の本を見つけました。塚本正明の『現代の解釈学的哲学』です。パラパラとページをめくって立ち読むと堅実な記述で勉強になりそうな雰囲気。私はエイッと購入し、「フム、むずかしいが、おもしろいぞ」と読み進めました。これが私にとっての「解釈学」および「解釈学的循環」の学び始めです。

ここで指摘したいのは、大学院生時代に塚本の本と出会ってから、このひとの講義の思い出が大きく意味を変えた、という事実です。すなわち、もともと私にとってワン・オブ・ゼムの教師に過ぎなかった塚本ですが、彼の著作からいろいろなことを学ぶようになって以降、「西洋社会思想史」の講義を受けたことも私の誇りのような何かになりました。私は他人に『現代の解釈学的哲学』を奨《すす》めながら、次のように言いたい衝動に駆られます。私はこのひとの講義に出ていたのだ、と。

何が言いたいのかと言えば、《あるひとが自分にとって何者なのか》の理解にも全体と部分の循環が関わる、という点です。塚本正明は――私が彼の本を読んで以降――私にとって〈卓越した解釈学研究者〉になりましたが、いったん彼の全体がこう把握されれば、彼の西洋社会思想史の講義のたんたんとした教え方も意味合いを変じます。すなわち、彼の確かな学識を知って以降、彼の落ち着いた教え方は何かしらポジティブな意味をもつものになったのです。塚本先生の教え方は静謐《せいひつ》なところがよかった、そこには確かな学識に裏打ちされた安定感があるから、などと今は感じています。

このように〈人間を理解すること〉もグルグル回りの作業です。それゆえ私たちは例えばひとつの行動だけで個人を完全に理解した気になってはなりません。なぜならその理解は後の出来事によって更新される可能性があるからです。同じことが書物についても言えます。何度読んでもわからない本や一読してつまらない印象の本があるかもしれませんが、これだけで「この本はわからない」とか「この本はつまらない」と決めつけるのは性急です。むしろ、理解に〈循環〉がつきものであるならば、一冊の本をわかるようになることもグルグル回る手間の必要な作業でしょう。先に難しい本を読解する正攻法の精神を「ゆっくり急げ」と表現しましたが、この点もいまやより深い次元で捉えなおされます。すなわち、文章の全体と各部分のグルグル回りにうまく入り込むことは必ずしも手っ取り早く済む近道ではないので、時間をかけて取り組む必要がある、ということです。

Ⅱ　方法編

第四章　前提と結論に腑分けする

1　前半のふりかえりと後半に向けて

前章までで難しい本を読むさいの正攻法が説明されました。具体例で挙げたのは短い文章ばかりですが、ページ数の多い本を読む場合にもやり方は変わりません。すなわち、長い文章を理解しようとする場合にも、全体と部分を行ったり来たりするのが最も着実な道行きです。もちろん、分厚い本の場合には、全体として何が言いたいのかはすぐにはつかめません。とはいえ、《部分の意味は全体の連関によって決まる》という命題は書物についても成り立ちますので、本を読み進めるさいにも全体への目配せが不可欠です。いきなり長大な作品を読むのは困難でしょうから（なぜなら全体の主張がつかみにくいことが多いので）、短い文章から練習を開始し、徐々に長い文章へチャレンジの幅を広げていくのがよいでしょう。

さて第一章から第三章までは「原理編」でしたが、本章（第四章）から第七章までは「方法編」になります。すなわち、これまで提示した読解の原理——すなわち難しい文章を理解するさいには「グルグル回りにうまく入り込むこと」が大事だという原理——を踏まえながら、それを具体的なテクニックで肉づけする、というのがこれからの作業です。

注意点がひとつあります。たったいま「テクニック」という語を使いましたが、これは決して《文章をいつでも理解できる便法がある》ということを意味しません。前章の終わりに《読解の正攻法はあるが確実な必勝法はない》と強調しましたが、この命題は本書のここからの箇所でも維持されます。それゆえ「方法編」という表題の本パートに対して「文章を読むさいの万能の技法が説明されるかも?」とあらぬ期待を抱いてはなりません。

ただし、いま述べた点を注意しさえすれば、本パートの内容はたいへん役に立つものになるはずです。続く数章は、文章を読むさいにたまにうまくいく小手先の技術を提示して「これさえやればOK」と過剰喧伝《けんでん》するのではなく、〈正確に読解するためにつねに気にすべき勘所〉をありのままに記述することを目指します。こうした勘所を知っておけば——つねにうまくいくとは限りませんが——着実な理解の道を大きく踏み外すことはなくなります。必勝法ならぬ正攻法を提示する、というのは本書全体の方針でもあります。

「方法編」のパート（第四章から第七章）の全体の流れをあらかじめ押さえておきましょう。

第四章（本章）と第五章は、読解のいろいろなテクニックのうちで、「論理」にかんするものを説明します。全体と部分のあいだを行ったり来たりして文章を理解しようとするさいに理屈の筋道を押さえることはたいへん重要です。とりわけ〈前提と結論を腑分《ふわ》けすること〉と〈話の流れを押さえること〉は不可欠の重要性をもちます。それゆえ前者を本章で、後者を次章で論じます。

第六章と第七章は「内容」にかんするテクニックを紹介します。じつに本を読み進めるさいには、たんに論理の骨格をつかむだけでなく、《どこに大事な内容が含まれているか》を見出《みいだ》す必要もあります。こうした「内容理解」にかんしてもいくつかのテクニックがあるのですが、第六章は〈重要性を指摘すること〉、第七章は〈具体例を考えること〉というコツをそれぞれ説明します。

本章のテーマはいま予告したように〈前提と結論を腑分けすること〉ですが、議論は以下の順で進みます。初めに「前提」と「結論」がそれぞれ何を指すのかを説明し（第2節）、次にこれらの概念が〈議論を検討すること〉や〈議論に反論すること〉に役立つ点を確認します（第3節）。続けて議論の批判的吟味が文章理解に役立つ点を押さえ（第4節と第5節）、最後に「前提」にかんする補足の議論を付け足します（第6節）。

2　前提と結論を見極める

はじめに「前提」と「結論」という語について説明しましょう。このふたつは論理にかかわる重要な概念です。「前提」と「結論」が互いにどう違うかなどは例えば論理的思考のトレーニングブックからとってきた次の文章で説明できます（アン・トムソン『論理のスキルアップ』春秋社、二〇〇八年、一二頁）。

洪水から川沿いの農地を守るために、何百万ポンドという公金が費やされている。そんな土地での農作物の生産はやめさせて、その代わり、いま使われているお金の一部を補償金として農民に与えるべきだ。そうすれば、無駄金を使わずにすみ、環境にもよい。なぜなら、もし川が溢《あふ》れそうなときに溢れさせてやれば、その氾濫原はやがて野生動物が多く住む湿った草地や森林になるからである。

この文章の全体として言いたいことは何でしょうか。ここまで〈文章全体の主張を表わす箇所〉を「キーセンテンス」と呼んできましたが、この用語をつかえば「結論」はキーセンテンスと同じものを指します。他方で、文章中のキーセンテンス以外の文は結論を導き出すためのいろいろな役割を担っているのですが、こちらは「前提」と呼ばれます。前提と結論を選《よ》り分けるには――これまでと同じ作業ですが――まずはキーセンテンスを探すのが便利です。

引用の文章のキーセンテンスすなわち結論はただちに見つかります。それは「そんな土地での農作物の生産はやめさせて、その代わり、いま使われているお金の一部を補償金として農民に与えるべきだ」の箇所です。問題の文章は、具体的な文脈は不明ですが、〈川沿いの農地を洪水から守るためにたくさんの公金が使われていること〉を正しくないと批判して別の施策を提言しています。引用によると、そうした農地はもはや諦めたほうがよく、農民へ金銭補償を行なうほうがベターであるらしい。

ところで書き手はなぜそう考えるのでしょうか。その根拠を表わす部分が「前提」です。そして引用の文章の結論の直接的な前提は次のふたつだと読み取れます。

(i)「そうすれば、無駄金を使わずにすみ」

（ii）「環境にもよい」

書き手によると、〈たくさんの公金を使って川沿いの農地を守ること〉よりも〈農地を捨てさせて補償金を与えること〉のほうがベターであることの理由は、第一に毎年洪水対策へ大金をつぎ込むという無駄を避けられるからであり、第二に環境によいからです。《これらがほんとうに正当な理由か》は文章理解にさいして問題になりえますが、与えられた文章をいったん読み解くためには《何が結論であり何が前提か》を腑分けすることが先決です。何が結論で何が前提かがわかっていない段階で「この文章の言っていることは正しいのか」を考えても生産的ではありません。

「前提／結論」のひとつの捉え方が説明されたので表にまとめておきましょう（本章の後半で「前提」のやや異なる理解も説明されるのですが）。

前提 ＝	結論を導き出す根拠を示す部分
結論 ＝	文章全体の主張（＝キーセンテンス）

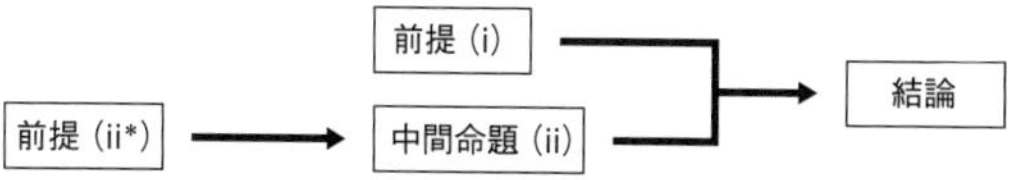

ところで――重要な注意を付け加えると――先に挙げた（ii）には文章内でさらなる根拠が示されています。それは

（ii*）「もし川が溢れそうなときに溢れさせてやれば、その氾濫原はやがて野生動物が多く住む湿った草地や森林になるから」

という箇所です。書き手によれば、洪水は野生動物への恵みである湿った土地を生むので、洪水対策をしないほうが環境によい。この理屈が正当かどうかは（すぐさっきも述べたとおり）問題になりえますが、いずれにせよ（ii）にさらなる根拠が示されている点は無視してはなりません。この点を踏まえると（ii*）のほうが厳密な意味の「前提」であり、（ii）は「中間命題」（すなわち結論と前提をつなぐ命題）であると言えます。

以上を踏まえると引用の文章は上のような構造をしていることがわかります。

このように前提と結論を腑分けすれば文章の構造が明らかになります。そして《何が結論で、何が前提で、何が中間命題か》も前章までで「グルグル回り」で確かめられる事柄です。文章の構造を明らかにすることの何が重要なのかは節を変えて説明します。

3　生産的な反論をしよう

じつに、文章の構造が明らかになっていないあいだは、生産的な批判や反論ができません。逆に、文章の構造が確認されているときには、意味のある批判や反論が可能です。それゆえなぜ〈文章の前提と結論を選り分けて構造を明らかにすること〉が大切かと言えば、ひとつには、そこに有意義な批判や反論の可能性が懸かっているからだと言えます。本節ではこの点を説明します。

前節と同じ例を使って考えていきましょう。その文章の結論と前提を腑分けすれば左上でした。

さてこの議論へ反論したくなるのはどのようなひとか。それは――いろいろなひとがありえますが代表を挙げれば――《農業を続けるべきだ》と考えているひとです。こうしたひと

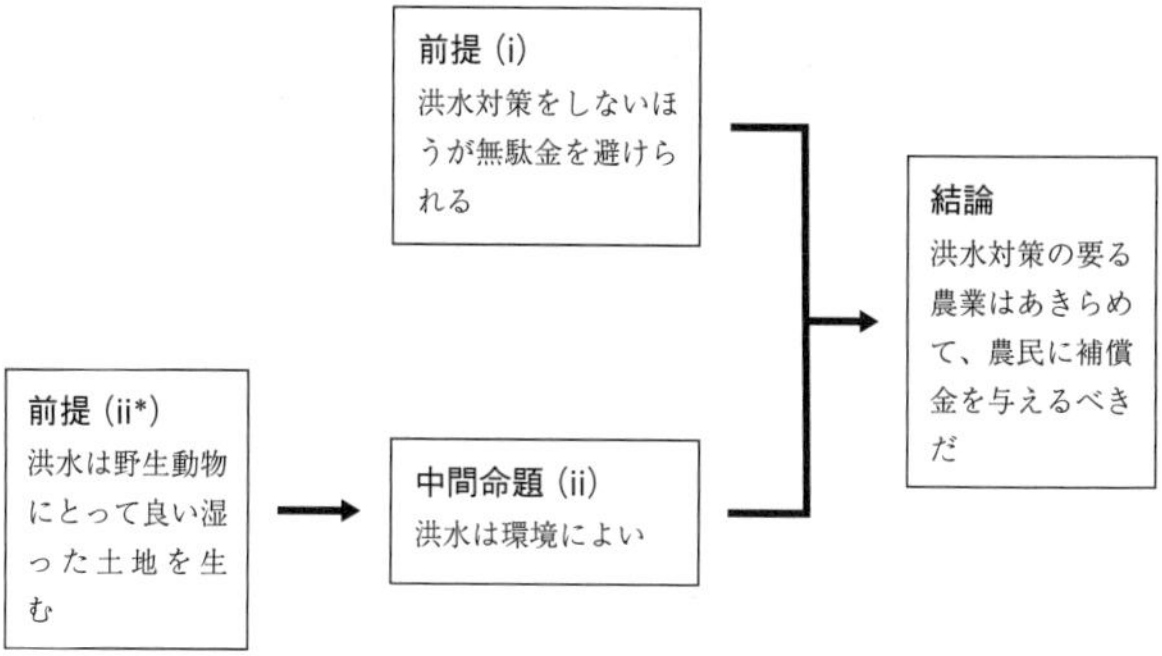
前提 (i)
洪水対策をしないほうが無駄金を避けられる
結論
洪水対策の要る農業はあきらめて、農民に補償金を与えるべきだ
前提 (ii*)
洪水は野生動物にとって良い湿った土地を生む
中間命題 (ii)
洪水は環境によい

は問題の文章の結論と相容《あいい》れない意見をもっています。それゆえそれに対して批判や反論を行なわないわけにはいきません。

ところでこうしたひとが問題の文章へ次のように応じたとしましょう。「これには同意できない、自分は川沿いの土地で農業を続けるべきだと思う、それゆえこの文章は間違っている」——もしこれが反論のすべてであるならば、その不十分さは否定できません。なぜなら、問題の文章は一定の前提を根拠として主張を行なっているのにもかかわらず、反論のほうはその理屈を完全にスルーしているからです。何かしらの根拠のもとで主張されていることに対しては、根拠と主張のつながり全体を見渡したうえで反論せねばなりません。

では有意味な批判や反論は具体的にどのようなものか。それは形式的には二種類に分けることができます。すなわち〈前提の正しさを問いただすこと〉と〈前提から結論を引き出すステップの妥当性を疑うこと〉のふたつです。それぞれ見てみましょう。

有意味な批判や反論の仕方
・前提の正しさを問いただすこと
・前提から結論を引き出すステップの妥当性を疑うこと

第一に問題の文章へ例えば「農民への補償は継続して行なわねばならないだろうから、そちらのほうが洪水対策よりも高くつき、長い目で見て農業を止めさせるほうが金がかかる」と反論するやり方があります。この批判が正しいかどうかは措《お》くとして、これが議論の前提をターゲットとしたものであることは確かです。すなわちこれは前提（i）の「洪水対策をしないほうが無駄金を避けられる」という考えを退けるものです。一般に、議論の前提が否認されれば、そこから出てくるとされる結論も否定できます。それゆえ〈前提の正しさを問いただすこと〉が意味のある反論の仕方のひとつだと言えます。

第二に例えば「たしかに洪水対策をしないほうが無駄金を避けられるし、洪水は環境によ

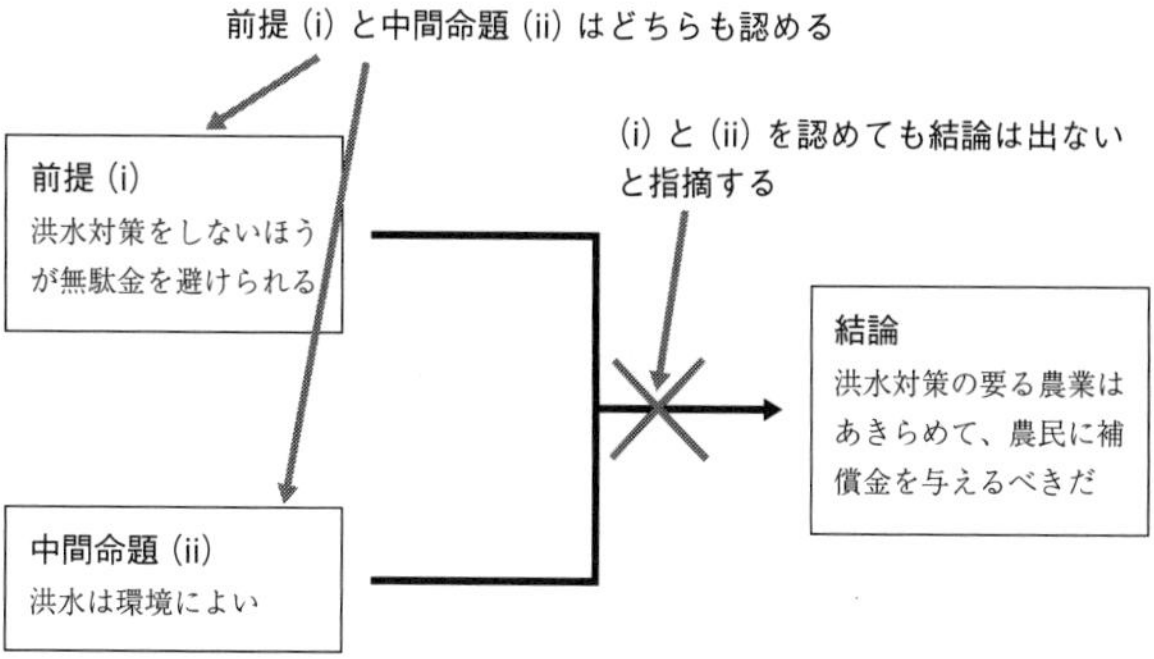
前提（i）と中間命題（ii）はどちらも認める
（i）と（ii）を認めても結論は出ないと指摘する
前提（i）
洪水対策をしないほうが無駄金を避けられる
中間命題（ii）
洪水は環境によい
結論
洪水対策の要る農業はあきらめて、農民に補償金を与えるべきだ

いが、それでも川沿いの農民は長年農業に携わって生きてきたのであり、農業は彼らの人生の一部なので、農業を止めさせるべきでない」などの反論もありえます。これがどういう反論かと言えば、上で図示されるように、〈書き手の前提や中間命題を認めたうえでそこから結論を導き出すステップを批判する〉というものです。すなわちこの反論によれば、《洪水対策に使われる金はある意味で無駄金だ》と《洪水は環境によい》という主張を受け入れたとしても、それは《農業を止めさせるべきだ》を導き出すに十分ではありません。この反論の是非もさらに検討されえますが、いずれにせよここでは、〈前提から結論に向かう一歩を疑う〉という反論の仕方が存在するという点を押さえておいてください。

議論への有意味な批判は大きく分けて以上で紹介した二種類ですが、いずれを行なうにせよあらかじめ前提と結論の腑分けを行なっておかねばなりません。なぜなら、《文章の中のどこが結論でありどこがその前提か》がわかっていなければ、〈前提を退けること〉や〈前提から結論を引き出すステップを疑うこと〉は実行不能だからです。文章の構造を明らかにすることの重要性は第一にこの点にあります。そして――次の点も強調せねばなりませんが――前提と結論を選り分けて議論へ反論や批判を試みることによって、もともとの文章の言っていることはよりはっきり理解できるようになります。例を替えてこの点をさらに踏み込んで確認したいと思います。

4　前提と結論の繋がり方

第二章の後半で永井均の文章を読みましたが、このひとと並ぶ現代日本の代表的な哲学者・野矢茂樹《のやしげき》が本章の関心にとってちょうどよい文章を書いています。それは講談社のPR誌『本』の連載なのですが、その第一回目を野矢は「猫は後悔するか」と題し、次のような議論から話を始めます。

人間はあれこれと後悔する。こんな連載、引き受けなければよかった、等々。では猫はどうか。いや、別に猫にかぎらない。人間以外の動物は、後悔をするのだろうか。
猫が鳥に襲いかかる。逃げられる。でも、惜しかった。そのときその猫は、「もう少し忍び足で近づいてから飛びかかればよかったにゃ」などという日本語に翻訳できるような仕方で後悔するのだろうか。私の考えでは、しない。いや、できない。猫は、そして人間以外の動物は、後悔というものを為《な》しえない。なぜか。
後悔するということは、事実に反する思いを含んでいる。「ああすればよかった」というのは、そうしなかったという事実に反する思いであり、「あんなことをしなければよかった」というのはそんなことをしてしまったという事実に反する思いである。ならば、事実に反する思いをもつというのは、どのようにして可能になるのだろうか。(『語りえぬものを語る』講談社学術文庫、二〇二〇年、一二一頁)
これに続けて野矢は《事実に反する思いをもつには言葉が必要だ》と論じ、猫が言葉をもたないことから《猫は後悔しない》という結論を引き出します。このように――いま補足した部分も含めると――野矢は《猫は後悔しない》と主張する議論を提示します。ではこの議論はどのような構造をもっているでしょうか。すなわち、何が前提であり、前提と結論はどのような繫《つな》がり方をしているでしょうか。

いまから野矢の議論の構造を分析しますが、みなさんにおかれては次の点を意識してください。それは、議論を批判的に検討すれば、野矢の言っていることがよりはっきり見えてくる、という点です。じつに、難しい文章を読み解くさいには、そこへいったん批判の眼差《まなざ》しを向けることが必要になります。そしてこのためにも〈前提と結論を腑分けすること〉は不可欠の作業なのです。

では分析に取り組みましょう。野矢の文章の結論が「猫は後悔しない」――さらに一般的には「人間以外の動物は後悔する能力がない」――であることはすぐに見てとれますが、いったいどのような理屈でこれは主張されるのか。

第一に目につくのは「後悔するということは、事実に反する思いを含んでいる」という指摘です。これは一般的な事態を述べているので個別の具体例で考えてみましょう。例えば私は高校および大学のころに物理学をちゃんとやっておけばよかったと後悔しています（私は理学部に入学したのですが入試の理科は「化学・生物」の選択でした）。そのため現在、例えば量子力学の本を読もうとしても、基礎知識の不足のためにまったくついていけない――だからいま後悔しています。さて、野矢の述べる通り、この後悔は「事実に反する思い」を含んでいると言えます。なぜなら、じっさいに生じた事実（この場合には《高校および大学で私が物理学をちゃんと勉強しなかった》という事実）に反して、私の後悔は《高校および大学の私がそれをちゃんと勉強していたらなあ》という望みを含むからです。これが「後悔するということは、事実に反する思いを含んでいる」という指摘の意味です。

ここから何が言えるでしょうか。それはひとつに、事実に反する思いをもつことができる、というのが何かに後悔するための前提条件だ、ということです。それゆえ事実に反する思いをもつことのない存在はそもそも後悔する能力を具《そな》えていません。これは野矢の議論の前提の一部になっているので書き留めておきましょう。

（ⅰ）事実に反する思いをもつことのない存在は、後悔する能力をもたない。

さて――分析の第二のステップですが――引用の最後に野矢は「事実に反する思いをもつというのは、どのようにして可能になるのだろうか」と問います。この問いへの彼の答えは、詳細を引用すると長くなるので核心部だけ天下り式に紹介すれば、《事実に反する思いをもつためには言語の能力が必要だ》です。この命題も野矢の議論の前提になっているので書き出しておきます。

（ii）言葉をもたない存在は、事実に反する思いをもつことがない。

事実に反する思いを抱くには言語能力が必要だ――この（ii）の命題も具体的に考えればピンときます。というのも例えば「じっさいは……だったが、……ということもありえた」などの言語表現をもたない存在は、〈現実の事実〉と〈事実に反する可能性〉を区別できないので、事実に反する思いをもつことができないだろうからです。たしかに哺乳類の多くは何かしらの夢想（すなわち現実には生じていないことを頭の中で思い描くこと）ができそうですが、それでも自分の夢想に対して《これは現実でない》という意味づけを行なうことはできません。じっさい「……もありえた」などの言語表現を用いる以外に何かへ〈事実に反する可能性〉の意味を与える手立てはありません。けっきょく、言葉をもたない動物は「現実の事実／事実に反する可能性」の区別のない世界を生きている、ということです。

以上の（i）と（ii）が野矢の議論の積極的前提であり、ここに（iii）「猫は言葉をもたない」という問題のない前提を付け加えると全体的な論証が完成します。その骨格を書き出せば次のようになります。


前提（i）：事実に反する思いをもつことのない存在は、後悔する能力をもたない。

前提（ii）：言葉をもたない存在は、事実に反する思いをもつことがない。

中間前提：言葉をもたない存在は、後悔する能力をもたない。（前提（i）と（ii）より）

前提（iii）：猫は言葉をもたない。

結論：猫は後悔する能力をもたない。（中間前提と前提（iii）より）

このように野矢の議論は「整然とした」構造をもちます。ただし――重要な注意点を述べれば――野矢の文章を今のように腑分けすることは必ずしも《これは正しいことを言っている》と認めることではありません。むしろ、今から確認するように、前提と結論の構造を分析することは却《かえ》って《野矢は正しいことを言っているのか》を吟味することに繋がります。そしてこうした吟味によってもともとの文章の趣旨もよりわかるようになるのです。

5 批判しながら理解する

ちょうどよいタイミングなので野矢茂樹という哲学者が何者なのかを簡単に紹介させてください。このひとは平明な文章の書き手として有名ですが、よくよく読めば「骨太の」議論を提示する本格派です。彼が考察するフィールドは言語や思考や知覚や行為などであり、《人間とは何か》へ迫る問題群だと言えます。そしていま取り上げている「猫は後悔するか」という問いも、猫と人間の違いを主題とするものであり、間接的な仕方で《人間とは何か》という問いへ関わっていると言うことができるでしょう。野矢は――私はこう紹介したいですが――人間の探求を通じて九〇年代から現在まで日本哲学を牽引《けんいん》し続けています。

では、前提と結論の構造を分析することで文章の言っていることがよりいっそう理解できるようになる、という点を確かめてみましょう。結論・前提・中間命題を腑分けすれば野矢の議論は次のような図にまとめることができます。

ここで《議論の骨格が明らかになれば批判や反論の可能性が開かれる》という先の指摘を思い出してください。じっさい、前提(i)や前提(ii)、あるいはそこから中間命題を引

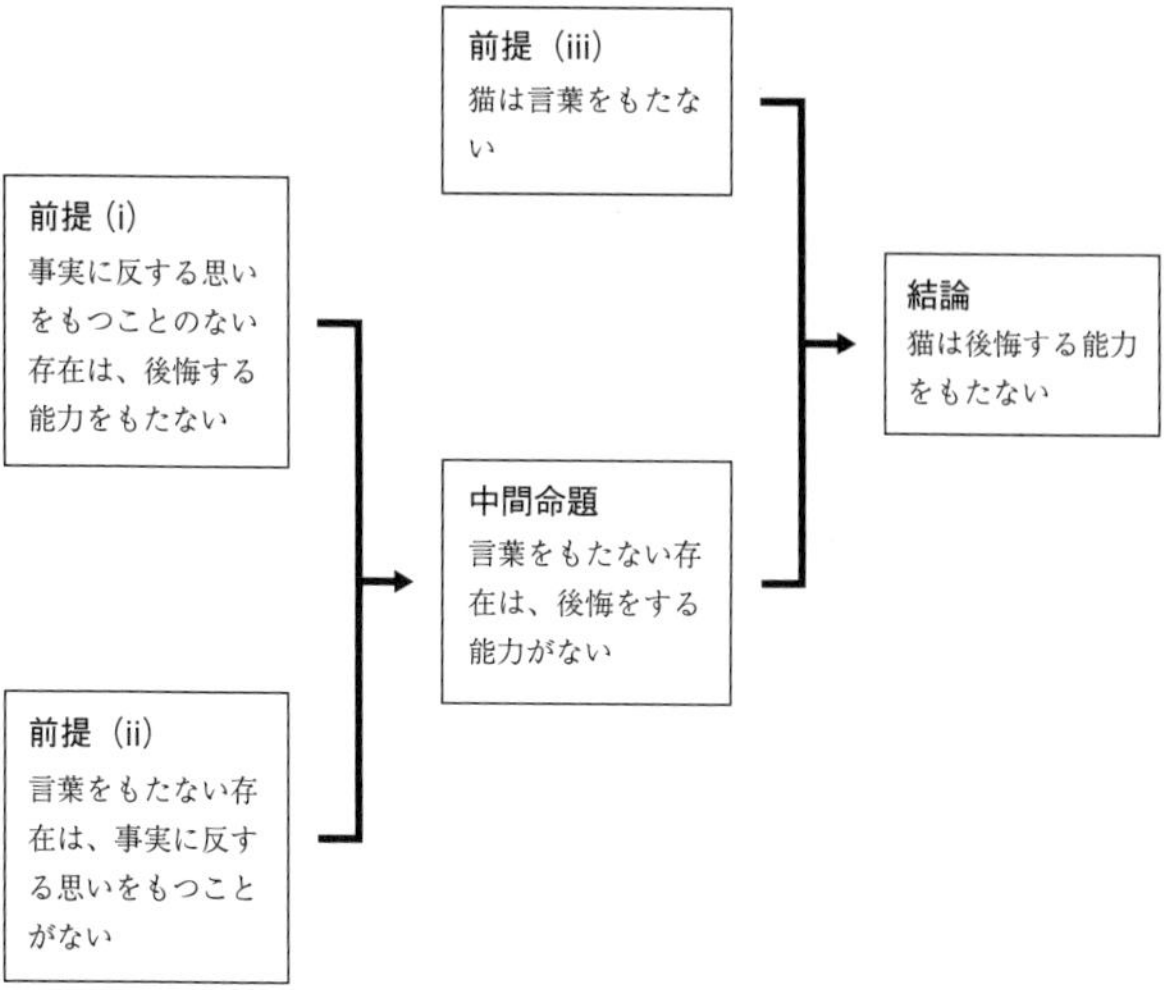
前提 (i)
事実に反する思いをもつことのない存在は、後悔する能力をもたない
前提 (ii)
言葉をもたない存在は、事実に反する思いをもつことがない
中間命題
言葉をもたない存在は、後悔をする能力がない
前提 (iii)
猫は言葉をもたない
結論
猫は後悔する能力をもたない

き出すステップなどはすべて反論の余地があります。またよくよく考えれば「猫は言葉をもたない」という前提（iii）でさえ批判できることがわかります。例えば、たしかに猫が人間のような音声言語や文字言語をもつことはないが、猫は猫なりの言語をもつ、などと言えば（iii）へいったん反論することができます（おそらく野矢はこれに対して「その場合の「言語」とはどういう意味か」と問い返すでしょうが）。このように――繰り返しになりますが――議論の骨格が明らかになれば、その中の要所にかんして批判的な検討を行なうことが可能になります。

さて、このように反論を試みたり疑いの眼を向けたりすることは内容の理解に役立つ、というのが前節および本節のメインの指摘です。この点は《文章を理解するとは、表立って言われていることをそのまま自分の頭の中へ移し入れることではなく、むしろ議論の要点を吟味しそれを自分にわかる形でまとめることだ》という点にかんがみればピンときます。例えば野矢の議論の構造を分析したさいに（i）「事実に反する思いをもつことのない存在は後悔する能力をもたない」という前提を取り出しましたが、これが何を言っているのかを理解するにはいったん《なぜこんなことが言えるのだろうか？》と問うてみることが肝心です。そして批判的な検討を通じて《たしかに後悔には事実に反する思いが含まれると言えるかもしれないな》と得心するときはじめて（i）の言っていることがわかったことになります。

じっさい――より具体的に見てみると――例えば（iii）「猫は言葉をもたない」という前提も、いったん疑ってみない限り、ちゃんと理解できたとは言えません。もちろん猫が日本語や英語を話さないのは明らかです。とはいえこれは必ずしも《猫はいかなる言葉ももたない》ということを意味しません。猫にもいわば「猫なりの言語」があるかもしれません。とはいえ、「じっさいは……だったが、……ということもありえた」くらいの表現力を具えた言語を猫はもっていない、というのであれば主張可能です。野矢が「猫は言葉をもたない」で言いたいのはまさにこうしたことでしょう。そして、この点をつかむことによって、もとの文章全体の趣旨もよりいっそうわかるようになります。

まとめましょう。

前章までで難しい本を読むさいの正攻法を「グルグル回りにうまく入り込むこと」と特徴づけましたが、本章はそこへ具体的なテクニックをひとつ付け加えました。すなわち〈議論の要所を吟味して、それによって文章の言っていることをより深く理解する〉というテクニックです。他方でこれを行なうには、本章前半で説明したように、前提と結論を腑分けする作業が欠かせません。全体と部分を行ったり来たりしながら、前提と結論のつながりを分析し、同時に議論の各要所を批判的に検討する——こうしたやり方を通じて読み手は文章の言わんとするところを着実に理解することができます。

6　言葉の使い方にも前提がある

最後に「前提」にかんする追加の説明をしておかねばなりません。なぜなら、ここまで「前提」でいわば一般的なそれを意味してきましたが、これは〈言葉づかいの前提〉というやや特殊なものを指すこともあるからです。そして〈言葉づかいの前提を確認すること〉も文章の理解にとって重要であるので、以下それを手短に見てみましょう。

例として取り上げるのは哲学者・中島義道《なかじまよしみち》の『哲学の教科書』の文章です。この本は読者へ《哲学とは何か》を説明するものですが、その序盤で「哲学とは何でないのか」を指摘します。例えば、言語学者ソシュールの研究で有名な思想家・丸山圭三郎《まるやまけいざぶろう》のやっていることは、それを「哲学」と見なすひともいるが、じっさいにはまったく哲学ではない、と論じます。

そのあたりの議論を引用すれば以下です。

［……］丸山（圭三郎）もまた、言語学者あるいは思想家であるかもしれませんが、哲学者とはとうてい言えない。彼の一連の文化論は名高いソシュール論と同様、哲学的な精神つまり徹底的懐疑の欠如した著作です。と言いますと、怒る人がいますが、私にとって哲学とは、数学・音楽・絵画などに対するような一つの特殊な才能にすぎないのですから、丸山が哲学者ではないのは、彼が数学者や音楽家でないのと同じレベルのこと、つまりあたりまえのことです。（『哲学の教科書』講談社学術文庫、二〇〇一年、四七―四八頁）

中島が言いたいのは《丸山圭三郎は哲学者ではない》ということですが、その根拠は「徹底的懐疑」が欠けているからだというものです。ここでの「徹底的懐疑」は、中島が別の箇所で言っている「日常的な世界理解を一皮むいてその深層を探るという姿勢」とおおよそ同じものを指すと言えます（四二頁）。例えば《自分の周囲の他人たちが意識をもっていること》や《人間が存在すること》などは「日常的な世界理解」の一部だと言えますが、これすらも疑ってかかりそこに潜む真理を明らかにしようとすること——これが哲学者の特徴たる「徹底的な懐疑」です。丸山圭三郎は、中島によると、そうした姿勢を欠いており、それゆえ決して哲学者ではありません。

中島の議論を切り詰めて分析すれば、それは次の構造をもつと言えます。

前提（ｉ） 哲学者は徹底的な懐疑の姿勢を具える。
前提（ii） 丸山圭三郎は徹底的な懐疑の姿勢を具えていない。
結論 丸山圭三郎は哲学者ではない。（前提（ｉ）と（ii）より）

本節で注目したいのは、前提（ｉ）は「哲学」や「哲学者」という語を中島がどう使うかの前提でもある、という点です。じつに、問題の議論は「哲学」という語の使用法にかんして実質的な主張を含み、この主張にかんしても批判的検討を行なうことは可能ですが、いずれにせよ第一に《前提（i）は言葉づかいの前提でもある》という点をつかむことが重要です。というのも、さもなければ、非生産的な反論をすることになりかねないからです。

例えば中島の議論へ「丸山圭三郎の著作は深い教養に裏打ちされた芸術的作品であるので彼のやっていることは哲学だ」と反論するひとがいるとしましょう。この批判は――言及する事柄の是非は別にして――多かれ少なかれズレたものに留《とど》まります。なぜなら、そもそも中島は「哲学」の基準に〈教養の深さ〉や〈芸術性〉を含めていないので、丸山の教養が深かろうがその作品が芸術的であろうが、それは（中島にとって）このひとが哲学者か否かにかかわらないからです。一般に、言葉づかいが異なれば、議論と反論は噛《か》み合いません。それゆえ批判者は、議論の言葉づかいの前提を無視してはならないのです。

とはいえこれは、批判者は議論の言葉づかいの前提をすべて受け入れねばならない、ということを意味しません。むしろ、議論の言葉づかいに受け入れがたいところがある場合、「自分はその言葉づかいに反対だ」と異議を唱えることは正当です。ただしそのさいに注意すべきは、話が噛み合わなくなることを避けるために、《自分は言葉づかいの前提へ反論しているのだ》という点を明確にするのが肝心です。中島の文章について言えば、（先に述べたように）それは「哲学」や「哲学者」という語の使用法にかんして特定の立場を選択しているので、それを批判することは十分に可能だと言えます。

――本章ではいわば〈反論の作法〉をいくつか確認することになりましたが、文章の読解にとって批判が重要であるのは、第一に〈読むこと〉が〈書かれたことをそのまま頭にインプットすること〉でないからです。読解はそれ自体で内容の検討を含んでおり、〈いったん疑ったうえで自分にわかる形でまとめること〉は〈読むこと〉の本質的な部分だと言えます。理解のためにいったん疑う、という標語は今後も頭の片隅に置いておいてください。

第五章　話の流れを押さえる

1　論理的な流れを明らかにする

前章では〈前提と結論を腑分《ふわ》けすること〉の大切さが説明されましたが、本章では——「論理」にかかわる読解テクニックの第二のものとして——〈話の流れを押さえること〉の重要性が指摘されます。少し具体的に言えば、本を読むさいに《いま話のどの段階なのか》を気にすることは要点の理解に結びつく、ということが論じられます。さしあたり、「段階」をキーワードとして新たな正攻法が提示される、と考えておいてください。

本題に進むに先立って「論理（logic）」という語について手短に解説しておきます。「論理」という語はいろいろなものを意味しますが、本書では大まかに〈文章における議論のつながり方〉を指します。例えば前章では「前提」と「結論」という概念を導入しましたが、前提と結論の結びつきも議論のつながり方の一種であり、これらは論理にかかわる概念だと言えます。私たちは前章で野矢茂樹の文章を取り上げて議論の〈前提－結論〉構造を分析する作業を見ましたが、こうした分析は文章の論理的な流れを明らかにする手続きのひとつなのです。

何をおいても押さえておくべきは、文章において議論は各部分のあいだのつながりをもつ、という点です。例えばひとつの文章のうちでAという話のあとでBという話が行なわれるとき、AとBは何かしらの仕方で結びついています。そして逆に、《ふたつの話はどのようにつながっているか》がわからなければ、どちらについても真に言いたいことは把握できません（その結果、全体として言いたいことも理解できなくなります）。それゆえつながり方をつかむというのは文章理解にとってたいへん重要なことです。そして本章のテーマである〈話の流れを押さえること〉も議論のつながり方を明らかにする作業にかかわります。

以上の前置きはいささか抽象的ですので、さっそく具体例に即した解説へ進みましょう。本章では「話の流れ」という事柄がいろいろな角度から論じられ、文章読解のいくつかのテクニックが紹介されることになります。

具体的に何を読むかと言えば、それは現代のフランス哲学やドイツ哲学の研究者でもある哲学者・國分功一郎《こくぶんこういちろう》の『暇と退屈の倫理学』（朝日出版社、二〇一一年）です。この本は《退屈な人生にどう向き合って生きるか》を論じるのですが、國分はいわばブロックをひとつずつ積み重ねて建造物をつくるような仕方でこの問いへアプローチします。それゆえ「話の流れ」というテーマを論じるには格好の著作だと言えます。本章全体を通じてこの本をじっくり読み解いていきたいと思います。

議論は以下の順序で進みます。はじめに國分という哲学者および彼の著作についてプロフィール的なことを紹介し（第2節）、次にただちに《話の流れを押さえることはなぜ重要なのか》を説明します（第3節）。その後、「段階」というキーコンセプトを導入し、『暇と退屈の倫理学』の話の流れを段階に分析します（第4節）。この分析から《國分は自分の立場をハイデッガーのそれと対比している》と知られるので、まずこのドイツの哲学者の見方を押さえ（第5節）、最後に國分自身の考え方を確認します（第6節）。こうした読解の実践を通じて例えば、話の流れを押さえることで議論の各々の段階にかんして《何をどこまで理解すれば十分か》の目安が得られる、などのテクニックが知られるでしょう。

はじめに人物紹介をしておきます。國分は博士論文を書籍化したあと一般向けの哲学書『暇と退屈の倫理学』をものしたのですが、これは大きな評判を得て――あくまでさまざまな評価軸のひとつですが――「紀伊國屋《きのくにや》じんぶん大賞」を獲得しました（かくしてみなさんがこれから内容を見る本は有名な作品であることになります）。なぜそれほど読まれたかと言えば、多くのひとがこの本に自分の問題を見出《みいだ》したからでしょう。じっさい現代人の多くは、毎日それなりに努力して生きているにもかかわらず、どことなく空《むな》しさを感じています。そして生に充実感が足らず、変わらぬ日常に飽きあきしています。簡潔に言えば、私たちは暇と退屈の問題に直面している、ということ。かくして《暇や退屈とどう向き合うか》を論じる『暇と退屈の倫理学』は私たちにとっての進行形の《アクチュアルな》問題を取り上げていると言えます。著者には時代を見る目が具《そな》わっている、と言えるかもしれません。

『暇と退屈の倫理学』が取り組む問題を國分自身は次のように表現しています。

> 資本主義の全面展開によって、少なくとも先進国の人々は裕福になった。そして暇を得た。だが、暇を得た人々は、その暇をどう使ってよいのか分からない。何が楽しいのか分からない。自分の好きなことが何なのか分からない。（一三頁、傍点強調は原著者による）

産業技術の進歩や社会構造の変化によっていわゆる先進国のひとびとの多くは余暇のある

暮らしをしていますが、國分によれば、こうした暇は却《かえ》って人間を退屈によって苦しめます。例えばウィークデイは仕事に追われ土日の休みは何をしてよいかわからず暇つぶしに明け暮れるというひとは少なくありません。あるいは気晴らしに夜の町で遊び回ったとしても、ふと我に返り《自分は本当にこんなことがしたいのか》と自問すると、とたんにわからなくなる。これから先も同じような毎日を繰り返していずれ年を取って死んでしまうのだろうな、と思う。私たちの多くはこうした「袋小路」のような人生を生きていますが、はたして「出口」はあるのでしょうか。たえずつきまとう退屈とどう付き合えばよいのでしょうか。

この問いへ國分は一冊の本全体にわたる長い議論を通して回答します。以下、その議論を追ってこの哲学者の回答を確認するとともに、本章のテーマである〈話の流れを押さえること〉の重要性を理解することを目指しましょう。

2　『暇と退屈の倫理学』を読み解く

〈話の流れを押さえること〉は重要だ――これが本章全体の指摘ですが、要点の一部はただちに確認できます。『暇と退屈の倫理学』は序盤（第二章）で動物の「遊動生活」について語りますが、そのくだりは以下。

サルや類人猿は他の動物たちと同様、あまり大きくない集団をつくり、一定の範囲内を移動して暮らしてきた。どれほど快適な場所であろうと、長く滞在すれば荒廃する。食料はなくなるし、排泄物《はいせつぶつ》で汚れてしまう。だが頻繁に移動すれば、環境を過度に汚染するのを防ぐことができる。汚染された環境もしばらくすれば元に戻る。時間が経《た》ったらまたそこに帰ってくればいい。

このように移動しながら生きていく生活を遊動生活と呼ぶ。遊動生活は高い移動能力を発達させてきた動物にとって、生きるための基本戦略であった。（七二頁）

ここでは、遊動生活――すなわち排泄などによる汚染が過度になるのを避けながら各地を転々とする生活――が紹介され、その生活スタイルが一部の動物（とりわけ移動能力の高い動物）の生存の可能性を高める手段であることが指摘されています。これは決して難しい話ではありません。加えて、引用の文章もそれ自体で平明であり、《何を言っているか》は容易に読み取られます。

とはいえ文章を深く理解するために必要な問いは次。なぜ國分は遊動生活の話をするのか。いったい《退屈にどう向き合うのか》という問いは遊動生活にどう関係するのか。こうした点がつかめなければ引用の文章を真に理解できたとは言えません。これまで《部分の意味は全体のつながりを通じて決まる》と繰り返し強調してきましたが、このことは引用の文章についても成り立ちます。では、はたしてどのような全体のつながりの中で「遊動生活」は語られているのか。

さっそく答えを与えてしまえば以下です。すなわち、暇と退屈の問題がどこに起源をもつのかを説明する文脈でそれは語られている、と。具体的には『暇と退屈の倫理学』の前半は《私たちを苦しめる「退屈」の問題は歴史の中でどのように生まれてきたのか》を論じるパートであり、遊動生活にかんする話は全体の議論の流れのうちの〈問題の起源を説明する〉というステージで現れています。國分によれば（彼は人類学者・西田《にしだ》正規《まさき》の研究を参照するが）、人類が遊動生活をやめて定住生活を始めたとき、〈暇によって生じる退屈をまぎらわせる〉という課題が生じました。じっさい、遊動生活はたえず個々人に新しい環境へ適応するための忙しさを強いますが、定住生活ではその労苦から多かれ少なかれ解放されます。そして定住生活においては、毎日・毎月・毎年が似たような形で過ぎていき、人間は能力を持て余すようになる――こうなると、遊動生活にあった「行き倒れ」などのリスクは低減した一方、逆に〈刺激の少ない生活に耐える〉という課題が生じます。かくして暇と退屈の問題が現実に生じてきた起源は、定住生活の始まりにあると言えます。

以上から《なぜ遊動生活が言及されたのか》への答えも得られます。じつに國分は、《遊動生活から定住生活への移行によって暇と退屈の問題が生じる土台ができた》と指摘する議論の一環として、遊動生活とはどのようなものかを説明しました。言い換えれば、「遊動生活」という概念を紹介したのは〈暇と退屈の問題の起源〉を説明するためだった、ということ。このように――これまで何度も強調した点ですが――部分の意味を理解するには議論全体が何を言おうとしているのかをつかむ必要があります。全体と部分のあいだの解釈学的循環は、文章を読むさいにつねに留意せねばなりません。

3　すべてわからなくても大丈夫

いまの話には続きがあります。

前節で「問題の起源を説明するステージ」という言い方をしましたが、この「段階

（stage）」というのが本章のキーワードのひとつです。注目すべきは、本や論文における話の流れは段階に分けられる、という事実であり、この事実を知っているのと知らないのとでは本や論文を読む精度に大きな違いが生じます。なぜなら《いまは話の流れのどの段階か》を押さえることで文章の各部分が何を目指しているかも明らかになるからです。

具体的に説明しましょう。『暇と退屈の倫理学』は（序章と結論を除くと）七つの章からできていますが――天下り式に指摘すれば――その第一章は《暇と退屈の問題はどのようなものか》をおおまかに述べるステージであり、第二章は《この問題の起源は何か》を説明する段階です。そして第二章で「遊動生活」というものが紹介されるのですが、《第二章が話の流れのどの段階か》を押さえればこの概念が何のために導入されたのかも理解できます。すなわちそれは、前節で述べたように、《暇と退屈の問題の根っこは人類が遊動生活から定住生活へ移行したことにある》と指摘するためです。

話の流れがどの段階かに照らして各部分の役割を見てとる――これは文章読解の重要なテクニックだと言えるのですが、その理由はこのやり方によって《各部分をどの程度までわかればよいのか》が明らかになるからです。例えば國分は「遊動生活」に言及しますが、彼の文章を理解するために遊動生活にかんするあらゆることを知る必要はありません。むしろ第二章で述べられること〈ここでは《暇と退屈の問題の起源は何か》の説明〉を理解するのに必要な範囲で「遊動生活」のことがわかればそれで十分です。もちろん細かく調べればいろいろ勉強になるでしょうが、文章を前へ前へと読み進めるためには不必要なことにこだわり過ぎないほうが賢明です。

要点を繰り返せば次です。すなわち、話の流れのどの段階を読んでいるのかを意識すれば各部分にかんして《どの程度まで理解すればいいのか》もわかる、と。かくして〈話の流れを押さえること〉は相当の重要性を具えていることが明らかになります。例えば、文章を読み進めるのが苦手なひとのうちには、細かな点にこだわり過ぎて先に進めないひとが少なくありません。そうしたひとには《どのくらい理解できれば先へ進んでよいのか》の目安が必要です。そして《話の流れのどの段階を読んでいるのか》を意識することはこうした目安を定めることにつながります。このように、話の流れを押さえれば、《どのくらい理解できれば十分か》がわからないために読み進めることができないという苦手パターンを脱することができるのです。

4　全体の中でどの段階か意識する

以上を踏まえて本章の残りの箇所では『暇と退屈の倫理学』の重要な部分を読み解きます。同書が七つの章からできている点はすでに述べましたが、《各章が何を目指しているか》を確認すれば全体の話の流れもわかります。はたして國分はどのような仕方で議論を展開しているのでしょうか。

ここで知っておく必要があるのは、序論などで著者が全体の話の流れを説明することはよく行なわれる、という事実です。例えば『暇と退屈の倫理学』でもそれは行なわれています。序論において國分曰《いわ》く、

> 本書の構成について簡単に述べておきたい。
> 最初の第一章では、暇と退屈というこの本の主題の出発点となる考えを練り上げる。暇と退屈がいかなる問題を構成しているのかが明らかにされるだろう。
> 第二章から第四章までは主に歴史的な見地から暇と退屈の問題を扱っている。第二章は

ある人類学的な仮説をもとに有史以前について論じる。問題となるのは退屈の起源である。第三章は歴史上の暇と退屈を、主に経済史的な観点から検討し、暇が有していた逆説的な地位に注目しながら、暇だけでなく余暇にまで考察を広める。第四章では消費社会の問題を取り上げ、現代の暇と退屈を論じる。

第五章から第七章では哲学的に暇と退屈の問題を扱う。第五章ではハイデッガーの退屈論を紹介する。第六章ではハイデッガーの退屈論を批判的に考察するためのヒントを生物学のなかに探っていく。第七章ではそこまでに得られた知見をもとに、実際に〈暇と退屈の倫理学〉を構想する。（二一九―三〇頁）

これは本全体の話の流れを記述するものであり《各段階で何がわかればOKなのか》の目安としてたいへん役立ちます。もちろん――必要な注意点として――《文章の書き手はいつも自分の話の流れを正確に描写できるか》と問えば「いつもそうだとは言えない」と答えざるをえません。とはいえ著者による話の流れの説明が読解に役立つという一般的事実も否定できません。そして引用した國分の説明はたいへん役立つタイプのそれです。

引用を参考にして《各章で何が行なわれるか》および《各章で何をつかめばOKなのか》

表1

		行なわれること	何がわかれば十分かの目安
導入パート	第一章	暇と退屈の問題を練り上げる	《暇と退屈の問題とはどのようなものか》がつかめればOK
歴史パート	第二章	暇と退屈の問題の起源を問う	暇と退屈の問題の起源がわかればOK
	第三章	暇の逆説的な地位に注目しながら、余暇の問題まで話を広げる	《暇の逆説的な地位とはどのようなものか》そして《余暇はどのような問題を引き起こすのか》がつかめればOK
	第四章	消費社会を取り上げながら、現代の暇と退屈の問題を論じる	《暇と退屈にかんする現代の問題がどのようなものか》をつかめればOK
哲学パート	第五章	ハイデッガーの退屈論を紹介する	《退屈についてハイデッガーがどう論じているか》をつかめればOK
	第六章	ハイデッガーの立場を批判するヒントを得るため、生物学をとりあげる	《生物学から得られるハイデッガー批判のヒントはどのようなものか》をつかめればOK
	第七章	〈暇と退屈の倫理学〉を構想する	著者が提示する〈暇と退屈の倫理学〉がどのようなものかをつかめればOK

を表にすると上のようになるでしょう（表1）。記載された〈何がわかれば十分かの目安〉はじっさいに読み進めた後で修正される可能性がありますが、それでも國分の議論を前方から追っていくさいの導きの糸になります。そして、いったんこうしたガイドが得られれば、《何をやっているかわからず読み進められない》という状況に陥る可能性は激減するはずです。

具体的には、表1において例えば第五章はハイデッガーの退屈論を紹介すると述べられていますが、そうであれば《ハイデッガーの退屈論はどのようなものか》に注意の焦点を置いて読み進めればよい――逆から言えば、ハイデッガーの退屈論の要点をつかめさえすれば、さしあたり細部にわからないところがあったとしても気にしなくてよい、ということです。

こうした表をつくることも文章理解のテクニックのひとつだと言えるかもしれません。ただし、〈序論などであらかじめ話の流れを明記する〉ということを行なわない本や論文も存在するので（なぜならこれを明記せねばならない義務はないから）、《あらゆる文章にかんして序を読めばこうした表が作成されうる》ということはありません。それゆえこうした表を作ることを義務的に感じる必要はありません。むしろ大事なのは次です。すなわち、じっさいに表を作るかどうかは別にして、文章を読み進めるさい《いま話の流れ全体のうちのどの段階なのか、そして何が行なわれているか》を意識すること。というのも、この点の意識が欠ければ、《何がわかればOKか》の目安も見失われてしまうからです。

5　必要な箇所だけ理解すればよい

前節で『暇と退屈の倫理学』の全体の話の流れを確認しましたが、その後半の組み立てに鑑みると、ハイデッガーの退屈論が國分の議論にとって重要な踏み台になっていることが示唆されます。そしてこれはじっさいにそうであり、國分の積極的立場はハイデッガーへの批判を通じて提示されます。それゆえ、國分自身の考えを理解するには、このドイツの哲学者の理路を押さえねばなりません。そして《どのくらい詳しく押さえればOKか》と言えば、さしあたり國分の議論を追うのに必要な限りです。以下、ハイデッガーの退屈論が紹介される第五章を読み解いていきましょう。

ハイデッガーは――國分が取り上げるところによると――楽しい時間に不可避的につきまとう退屈を取り上げます。ドイツの哲学者曰く、例えばパーティで美味《おい》しいものを飲み食いしたりゲームしたりして楽しんだとして、ひとは後で《自分は退屈していたのだ》と気づくことがある。これは、パーティのあいだひっきりなしに楽しいやり取りが行なわれ、暇な時間が数秒すらなかったとしても、そうなのである。このようにハイデッガーは「まったく退屈していない」と言えそうな時間のうちに退屈の存在を見出しますが、なぜそのようなことが言えるのでしょうか。この哲学者の言う「退屈」とはどのような事態でしょうか。

ハイデッガーは人間存在の深い次元にひそむ「退屈」を取り出そうとしています。じつに、この哲学者によると、パーティで楽しむひとは退屈している。なぜなら曰く、

そのパーティが気晴らしである［……］（二二三頁、傍点強調は原著者による）

からです。ここで「気晴らし」とは〈暇から生じる退屈の苦しみを避けるために人間が積極的に暇な時間を何か楽しめることで埋めること〉を指しますが、《気晴らしは暇と退屈を前提する》という点は見逃してはなりません。それゆえ、パーティで気晴らしをしているひとは、じつのところ暇で退屈していたことになります。珍しい料理の載った皿が出されれば喜んで手を伸ばし、トランプやジェンガで賑《にぎ》やかに遊んだとしても、それが暇を避けるための気晴らしであるならば、退屈の問題は決して払拭されていません。むしろ、退屈の問題のさなかにいるからこそパーティという気晴らしへ逃避する必要があるのだ、とさえ言えます。

なぜハイデッガーは以上のような議論を展開するのか――これについてはさらに踏み込んで説明することができます。それは第一に《この哲学者は人間存在の根本に退屈というあり方を見出したいと考えているから》であり、第二に《彼は根本的な退屈のうちに何かポジティブなものを指摘できると考えているから》です。ひとつずつ説明しましょう。

第一にハイデッガーは、人間はじつのところ自分が退屈しているといつでも考えることのできる存在だ、と指摘します。例えば何かに熱中しているひとも、人間である以上、ふと自分を客観視し《これも死ぬまでの時間の気晴らしのひとつに過ぎない》と気づくことができます。それゆえどれほど強烈な熱中もひとを何かへ完全に没頭させることはありません。むしろ私たちはつねに払拭不能の退屈につきまとわれていると言えます。そして私たちは、こうした根本的な退屈から目を逸《そ》らすために、人生の時間を労働や勉強や遊びで埋めるのです。押さえるべきは、何をしても根本的な退屈が取り除かれたことにはならない、という点でしょう。というのもここでは、人間は根本的に退屈した存在だからこそ、何かに打ち込んでそれに没頭しているつもりになる、という事態が生じているからです。

第二にハイデッガーは決して私たちを貶《おとし》めたいがために以上のように論じるのではありません。むしろ彼は人間存在の根本的なあり方（すなわち退屈）に積極的なものがひそんでいると考えます。ではその積極的なものは何かと言えば、國分の説明するところでは、

答えは驚くほど単純である。「自由だ」とハイデッガーは答えるのだ。退屈という気分が私たちに告げ知らせていたのは、私たちは自由であるという事実そのものである、と。こう言い換えてもよいだろう。私たちは退屈する。自由であるが故に退屈する。退屈す

るということは、自由であるということだ。(二四三頁)

ここでは、いかなる熱中もひとを何かへ完全に没頭させることはなく、この意味で私たちは根本的に「退屈」している、と述べることは《私たちは自由だ》と述べることに等しい、と指摘されています。この主張は《熱中や没頭はひとを縛る》という点を顧みるとよくわかります。そしてこの見方に従うと、人間存在の根本に退屈があると言うことは、人間は何ものにも絶対的には縛られていないことを意味します。熱中によって人間の行動が完全に決められることはなく、人間はつねに没頭から醒《さ》めて「これは必ずしもせねばならないことではない」と気づくことができる——人間はこれほど自由なのです。こうした《退屈は自由の証《あかし》だ》という理路に眼を向ければ、人間存在の根本に退屈があることは決して人間の劣悪さの徴《しるし》だとは言えません。それはむしろ私たちの存在の高みを示すと言えます。

ここからハイデッガーの退屈論はどう進むのでしょうか。彼は「決断」の重要性を指摘します。というのも没頭から醒めた自由なひとは、「これは必ずしもせねばならないことではない」と気づきながらも、「それでも自分はこれを選ぶ」と決断することで自由を積極的な方向へ発揮することができるからです。國分曰く、ハイデッガーは、退屈する人間には自由があるのだから、決断によってその自由を発揮せよと言っているのである。退屈はお前に自由を教えている。だから、決断せよ――これがハイデッガーの退屈論の結論である。（二四三頁）

退屈した人間は、没頭によって行動が縛られることはなく、むしろ自分の決断で自分の生き方を決めることができる――國分はハイデッガーの退屈論の真骨頂をこうまとめます。この考えを踏まえると、退屈のさなかに問われるのは《あなたはどう決断するか》だ、と言えるでしょう。人間存在の根本の退屈が拭い去れないものである以上、私たちは（熱中や没頭に頼るのではなく）決断によって人生を切り開かざるをえません。かくしてハイデッガーの退屈論が私たちへ提示する人生の指針は次になります。すなわち、人間は何ものにも完全には没頭できぬ自由な存在であるので、決断で自分の道を選べ、と。

6 対比することで主張は明確になる

以上がハイデッガーの退屈論の國分による紹介ですが、それを読むさいに重要なのは次の点です。すなわち、じっさいの國分の文章はさらに追加の情報を含んでいるが（そしてそれを詳しく確認することはたいへん勉強になる）、本を通読するさいに大事なのは〈全体の流れのうちで要点を捉えること〉のほうだ、と。例えば――先取りして言えば――國分はハイデッガーの退屈論の次の特徴を批判します。

・人間存在の根本に退屈という自由を見出す。
・決断を重視する。

したがって、議論の細部が完全にわかるかどうかは別として、《ハイデッガーの立場はこれらの特徴をもつ》という点さえつかめれば、國分による批判を追っていくことが可能です。ここで活用されている読解のテクニックをいま一度述べれば次。すなわち、話の流れを押さえることで《各段階でどこまでわかれば十分か》が明らかになる、と。

以上を踏まえて『暇と退屈の倫理学』の著者の積極的立場を見てみましょう。

第一に國分は、決断を重視することの問題点を指摘して、《ハイデッガーの立場は受け入れることが難しい》と主張します。というのも、著者によると、決断は〈自己の殻に閉じこもること〉に他ならないからです。じっさい、決断するひとはすべてを自分で決めようとしますが、それは他との関わりや交流を絶つことを意味します。國分曰く、

> 日常生活には物や人とのふとした交流が存在する。[……] 決断を目指す者は、そうした機会が実際に目の前にあるというのに、故意に交流の機会を絶つ。なぜなら決断は、物や人との関わりが不可能になったところで現れるからである。決断を欲する者は、わざとそうした関わりを不可能にする。(二九七—二九八頁、傍点強調は原著者による)

ここで國分は——決意や決心に何か「英雄的な」ところがあることを認めつつも——決断のダークサイドを指摘しています。例えば決断は《他とのかかわりのなかでわいわいがやがやしながら物事が決まっていく》などの「賑やかしい」状況を排除してしまうでしょう。決

断する者は他者を自分から切り離す。だがそれは、自己の内側に閉じこもることにつながり、それによって生を貧しくするのではないか。こうした点に鑑みて國分は、決断重視のハイデッガーとは異なる見方を模索します。

そもそも――第二の論点へ進みますが――《人間存在の根本に退屈がある》という考え方も『暇と退屈の倫理学』の著者にとって完全には共有できるものではありません。なぜならそれは、《ひとは根底ではつねに退屈している》という事態のほうを過度に強調することにつながり、《ひとはいろいろなものを心から楽しむことができる》という別の側面を無視することにつながるからです。じっさい「気晴らし」にかんする國分の捉え方は、ハイデッガーによるそれと大きく異なります。國分は例えば、「気晴らしとはむしろ、人間が、人間として生きるつらさをやり過ごすために開発してきた知恵と考えられる」と述べて、次のように論じます。

退屈と向き合うことを余儀なくされた人類は文化や文明と呼ばれるものを発達させてきた。そうして、たとえば芸術が生まれた。あるいは衣食住を工夫し、生を飾るようになった。人間は知恵を絞りながら、人々の心を豊かにする営みを考案してきた。

それらはどれも、存在しなくとも人間は生存していける、そのような類の営みである。退屈と向き合うことを余儀なくされた人間が、そのつらさとうまく付き合っていくために編み出した方法だ。（三〇七頁）

國分のこの議論は退屈や気晴らしについてハイデッガーとは異なる「重心の置き方で」語っていると言えます。すなわち、このドイツの哲学者にとって気晴らしは根本的な退屈から目を逸らすために逃避に他なりませんが、國分にとって気晴らしは人類の工夫であり生を豊かにするものです。後者の見方をとれば〈気晴らしをやめて自由の中で決断すること〉とは違った生き方があることがわかるでしょう。それは、「楽しくたってどうせ気晴らしに過ぎない」というハイデッガー流の露悪をものともせず、何かに熱中してそれを心から楽しむという生き方です。

以上の二点より國分の提示する〈暇と退屈の倫理学〉が確認できます。すなわちその倫理学は、《決断は自己へ閉じこもることにつながり生を貧しく》するという分析を経由し、むしろ何かに没頭しそれを楽しむことを奨《すす》めます。もちろん生き方を自分で決めていくことにも何かしら価値があるでしょうが、自分の心を惹《ひ》くものに熱中してそれに「縛られながら」

楽しんで生きていくことには無視できない豊かさがあります。そして豊かな生を享受するためには、パーティの後で「あれはじつは退屈だった」とハイデッガー的な悟りを得るよりも、パーティで出会うさまざまな話題や物を楽しむ訓練をするほうがよいと言えます。以上をまとめると次です。気晴らしであろうが何だろうが没頭して楽しむこと、そして楽しむための工夫をすること、これが國分の〈暇と退屈の倫理学〉の核心部だ、と。

ここまで『暇と退屈の倫理学』を読んできましたが、繰り返し強調すべきは《話の流れを押さえることが読解の指針を与える》という事実です。一三五頁で同書の議論の流れをまとめた表を作りましたが、そこから國分が自分の立場を何らかの形でハイデッガーのそれと対照させていることがわかります。こうなると読解にさいしては《この東西の哲学者たちの立場がどの点で異なるか》へ関心の焦点を置けばよいことになります。そして、ハイデッガーの立場と対比された形で國分のそれを捉えることができたとき、同書の重要な内容が理解できたと言えます。話の流れを押さえることはかくも重要だ、ということです。

ちなみに――重要な注意点として――本章で確認された國分の〈暇と退屈の倫理学〉はその核心部に過ぎません。すなわち著者は自分の議論をいろいろな用語で肉づけしているのですが（例えば「退屈の第二形式」や「環世界」などのテクニカルタームで）、本章はこうした術語を用いた議論をほぼすべてスキップしました。とはいえこれは決して本章の読解に欠点があることを意味しません。むしろ、読解の第一歩としては本章で確認された点（とりわけハイデッガーの立場と國分のそれの対比）をつかむのがベストなやり方のひとつだ、と言えます。もっと詳しく知りたいひとはいまや『暇と退屈の倫理学』を自分で読むことができるでしょう。これによって本章で紹介された核心部に肉づけすることができるはずです。いずれにせよはじめのうちはあまり欲張らず主張の要点に焦点を合わせるのがよい。そして、要点を抽出するためには、その手引きとして話の流れを押さえることが重要なのです。

第六章　その文章のどこが重要なのか？

1　内容をつかむとはどういうことか

第四章から「方法編」のパートに進んでいます。前章では読書にとっての〈話の流れを押さえること〉の重要性を説明しましたので、このパートまでの議論の構成を全体的におさらいしておきましょう。

第一章から第三章までは「原理編」のパートであり、そこでは難しい本を読むさいの大原則すなわち〈全体と部分を行ったり来たりしてグルグル回りにうまく入り込む〉という原則が提示されました。第四章から第七章までの「方法編」のパートはこの大原則をいくつかのテクニックで肉づけすることを目指すものです（ちなみに本書最後の第三パートは「実践編」になるでしょう）。

さて「方法編」はふたつの部分にわけられます。すなわち前半（第四章と第五章）は「論理」にかんするテクニックを紹介し、後半〈第六章と第七章〉は「内容」の理解にかんする勘所を説明します。本章は「内容」にかかわる読解技法のひとつめとして〈重要性の指摘〉というものを説明します。

ところでたったいま、本書の方法編は「論理」の部門と「内容」のそれに分けられる、と言われました。とはいえここでの「論理」と「内容」の区別は何を意味するのでしょうか。ちょうどいいチャンスなので説明しておきます。

本書における「論理」は文章の構造や筋道にかかわる事柄を指します。じつに――第四章および第五章で確認しましたが――私たちは文章の骨組みを腑分《ふわ》けすることなしにそれが述べていることを理解することができません。文章の「筋」というものは、読解にさいして必ずや留意せねばならないもののひとつです。

これに対して「内容」は話の流れの中に置き入れられた命題を指し、各文が表現することそれ自体です。興味深いことに文章の内容は、それが目に見える形で書かれているときでさえただちに理解できるとは限りません。すなわち例えば《なぜそうした内容が提示されるのか》や《具体的に何の話なのか》が確認されない限り、内容の核心がつかめない、というケースがあるのです。ここに「内容」にかんしても読解のテクニックが成立しうる理由があります。

本章では——先にもふれたとおり——「内容」にかんする読解技法のひとつである〈重要性の指摘〉が説明されます。じつに、文章から一定の内容が読み取られるさい、《この内容の何が重要なのか》をつかむことは大切なステップです。それがつかめなければ話はピンときません。というのも、本章において確認されることですが、文章が腑に落ちるためには（それが正しいかどうかをチェックすることにとどまらず）《なぜこうした内容が述べられねばならないのか》がわかることこそが肝心だからです。そして、それがわかるためには、その内容が敢《あ》えて執筆される価値のあることを確かめることが中心的な一歩です。

本章と次章でこの本の議論はさらに深いフェーズへ移行します。第一章で「キーセンテンスを探すことは、〈自分にとって正しく思える箇所〉や〈自分が賛成できる箇所〉を探すことではない」、そして「私たちはむしろ〈書き手が主張しようと努めている事柄〉あるいは〈書き手が筋道立てて言おうとしている結論〉を探さねばならない」（三二頁）と述べられました。じっさい、他人の書いた文章を理解しようとすれば、自分の考え方を前面に出すわけにはいきません。とはいえ、「内容」を吟味するさいには、《自分にとってわかるかどうか》が問題にならざるをえません。それゆえ自分の価値観や世界観は、本や論文を読むさいに決して前面に出ぬように抑え込まれるべきものでありつつも、ここぞというときに持ち出されるものでもあります。本章と次章では、文章の読解において、《自分にとって分かるかどうか》が関わってくるテクニックを紹介します。

以上、いささか抽象的ですので、さっそく本論へ進んで具体的な事例を見てみましょう。本章の議論は以下の順序で進みます。はじめに導入として〈重要性の指摘〉の重要性を示すような個人的エピソードを語らせてください（第2節）。そのうえで、〈重要性の指摘〉はどのような作業かを一般的に説明し（第3節と第4節）、最後に応用編としてこのテクニックをじっくり実践します（第5節から第7節）。

2 〈重要性を指摘する〉ことが重要だ

〈重要性の指摘〉というのはちゃんと説明しようとするとやや長くなる話題なので、はじめは粗っぽく導入させてください。すなわち個人的なエピソードを語ることで要点を指摘したいと思います。以下は私が《重要性を指摘することは本の理解にとって大切だなあ》と実感した話です。

戦前の日本の哲学者に九鬼周造《くきしゅうぞう》というひとがおり、このひとは「いき」というものを論じた、というのは高校倫理の参考書にも載っている話です。ここで「いき」とは、例えば「お釣りはいらないよ、とっといて」という客について「いきな振る舞いだ」と称賛する（もちろんこうした行為は場違いになるときもありますが）、という場合の「いき」です。九鬼は、《いきとは何か》を問い、それを〈媚態《びたい》〉と〈意気地〉と〈諦め〉の三要素から成るものと分析しました（二七頁）。

いきは媚態と意気地と諦めの三要素から成る――この分析について私は大学の学部生のころすでに知っていました。『「いき」の構造』（岩波文庫、一九七九年）を購入して、前半を読んで「なるほどたしかに九鬼は「いき」は媚態・意気地・諦めで分析しているな」と確認したりもしました。とはいえ、九鬼が「いき」をどう分析するかを知っているだけでは、彼の本をきちんと理解したことにはなりません。なぜなら、分析の内容を知っていたとしても、《こんな分析をして何が面白いのか》を説明できなければその理解は「表面的だ」と言えるからです。

私が九鬼の議論の重要性を説明できるようになったのはいつかと言えば、だいぶ時間が経《た》ってからでした。学部生のころも大学院のはじめのころも《何ができれば十分理解したことになるのか》をほとんど気にしていなかった気がします。それゆえ、本書で書かれているようなことをもっと早くに知っていたとしたら不要な遠回りは避けられただろう、などと考えたりもします。いずれにせよ『「いき」の構造』の内容が心からわかるようになったのは初読から何年も経った後でした。それは次の点に気づいた後です。すなわち、九鬼はたんに興味本位で「いき」を分析するのではなく、「いき」を分析することが〈伝統に育まれた私たちの生き方〉の解明につながるからこそそれに取り組むのだ、と。

じつに、あるタイプの振る舞いを「いき」と呼んでそのカッコよさを称《たた》えることは、日本という国が時間をかけて育んだ美的感性です。こうなると《いきとは何か》を考えることは、日本の歴史に培われた価値観がどのようなものかを考えることであり、〈日本で生きるひとを「私たち」と呼ぶならば〉私たちがどのような美感を引き継いで生きているのかを考えることです。それゆえ《いきとは何か》を考えることは、たんに「いき」という語の意味を分析するだけではなく、《私たちは何をどう感じ、どのように生きているのか》を明らかにすることにつながります。かくして次のように言えます。私たち自身の感性のあり方や生き方の特徴を明らかにするからこそ九鬼の『「いき」の構造』は重要なのだ、と。

以上はあくまでひとつのエピソードであり、さらに踏み込んで論じるべき体験的な報告に過ぎません。とはいえ、哲学的に深めることは次節以降の仕事にすることにして、ここでは次の事実を強調させてください。すなわち、《九鬼の分析はどの点で重要なのか》を一定の仕方で理解してはじめて私は『「いき」の構造』の内容がピンとくるようになった、と。ちゃんとわかるためには、たんに内容を「表面的に」押さえるだけでは足りないということです。

読解のテクニック(1):
文章をピンとくるレベルで理解するには、文章の内容を確認するだけでなく《それのどこが重要なのか》をつかむことが大事である。

3　極端な主張する理由を理解する

本節では〈重要性を指摘すること〉とはどういうことかを一歩踏み込んで説明しましょう。南アフリカの哲学者デイヴィッド・ベネターは二〇〇六年に *Better Never to Have Been* という題名の哲学書を公刊しましたが、日本語の翻訳書の題名は直訳であり『生まれてこないほうが良かった』（小島和男・田村宜義訳、すずさわ書店、二〇一七年）です。この本においては文字通り、いかなるひとも生まれてこないほうがよかったのであり、人間は存在するよりも存在しないほうがよりよい、と論じられます。

ベネターの本は最終的に「反出生主義（anti-natalism）」と呼ばれる立場を擁護しますが、これは《私たちは新たに子どもを産んだりつくったりするべきではない》と主張する立場です。具体的には、例えば子どもを生み出すことを決心しそれを実行した親たちはその点で不正を行なっている、ということ。この哲学者によると、人間を新たに存在させないほうが正しいのであり、人類は最終的に絶滅するほうがよいとされます（二〇一頁）。

ベネターの主張は、何を言っているのかのレベルでは、決して難しいものではありません。彼の二大主張を箇条書きにすると以下です。

・人間は存在するよりも存在しないほうがよい。
・新たな人間を生み出すことは止めるべきだ。

このようにベネターの主張は「わかりやすい」と言えるのですが（なぜならそれは難しい概念を含んでいないから）、それは決してただちに完全に理解できるものではありません。というのも、多くのひとにとって、《なぜわざわざこんなことを主張するのか》はすぐにピンとくるものではないからです。そして、繰り返し述べるように、ベネターの言っていることをそれなりに理解するには《この主張のどこが重要なのか》をつかむのが核心的な一歩です。

さて――話を進めると――次のように考えられるかもしれません。ベネターの主張の何が重要なのかをつかむには、《なぜこの本を書いたのか》の彼自身の説明を押さえるのが役立つ、と。とはいえこのやり方は、今回のケースではたまたま役立たないのです。彼は「まえがき」で執筆動機を次のように説明します。

私の擁護する見解への抵抗は強いでしょうから、この本や中身の議論が、現実の子作りに対して何らかの影響を及ぼすことは期待してはいません。［……］私は、この本が誕生する人々の数を（かなり）変えてしまうだろうと勘違いして思っているのではなく、私が言うべきことは、それが受け入れられるか受け入れられないかに関わらず、言う必要があると思い、この本を書いたのです。（三頁）

ここでは、主張すべきことを主張するためにこの本を書いた、と説明されています。たしかに先の二大主張、すなわち《人間は存在するよりも存在しないほうがベターだ》と《私たちは新しく人間を作るべきでない》という主張がベネターにとって正しいと思われるからこそ、彼は『生まれてこないほうが良かった』を執筆したのでしょう。とはいえこの動機を知るだけでは彼の主張はピンときません。なぜなら以上の説明にたいしては《だがなぜ主張すべきと思ったのか》とさらなる疑問を投げかけることができるからです。ここから明らかになる事柄は次。本の主張のどこが重要かをつかむさいに、著者自身による説明が役立たないケースがある（もちろん多くのケースでは役に立つのだが）、と。

したがってベネターの本にかんしては、その内容を十分に理解したいと思うならば、私たちの側で《彼の主張は何が重要なのか》の説明を付け加えてあげる必要があるでしょう。そして、じつを言えば、私はかつてこうした作業を手短に行なったことがあります。

読解のテクニック（2）：
主張の重要性の説明が文章内に見つからないときには、自分の側で《それのどこが重要な

――のか》の説明を付け加えよう。――

それは反出生主義にかんする英語の或る論文を翻訳したときのことです。私は、その解説のパートで、《反出生主義など馬鹿ばかしいのではないか》というもっともな疑問にたいして次のように書きました。

とはいえいかに頻繁に実生活で「子をつくるべきだ」の類が発話されることか！　日常生活において子づくりはすでに道徳的言説の対象になっている。そしてベネターの［……］議論はそうした日常的言説の延長線上に場をもつ。（『現代思想』二〇一九年一一月号、一一三頁）

ここではひとつには、日常生活において「子をつくるべきだ」などとしばしば言われ、《子をつくるほうが正しい》が当たり前とされている、という事実が指摘されています。じっさい妊娠や出産にかんしてさしたる反省もなしに「めでたい」と言われることも多いでしょう。これに対してベネターの主張は私たちに反省させる力をもちます。すなわち、《子どもが生まれることは悪いことだ》という逆の極端の主張が提示されれば、私たちは「じっさいのところ子どもが生まれるのは良いのか悪いのか」と問わざるをえません。このようにベネターの主張は、それに同意しないひとにとってさえ、いわば「思考を喚起する」という意義をもちます。

ベネターがどのような議論で反出生主義を支持するのかについては、きちんと説明しようとすれば長くなるので、ここでは割愛します（気になる方は訳書を読むとよいでしょう）。さしあたり本節では次の点を押さえてください。それは、反出生主義のような「極端な」主張を行なう本にかんしては、何かしらの仕方で《この主張の何が重要なのか》を言えることがとりわけ大切になる、という点です。なぜなら、「極端な」主張にかんしては、《なぜ敢えてそれを公に発信するのか》まで理解できなければちゃんとわかったことにならないからです。

4　主張を自分事にする

前節の議論へ注意点をひとつ添えさせてください。じつにひとつの文章にかんして《その主張の何が重要か》を説明する仕方はひとつではありません。例えばベネターにかんしては、ある事実――すなわち、親は子が世界に出現するかどうかを選べるが、子は自分が世界に出現するかどうかを選べない、という出産の関わるアンフェアな事実――に光を当てる点で反出生主義は重要だ、と説明するひともいるでしょう。一般的に言えば、主張の重要性の説明には「唯一の正答」と呼べるものはありません。それゆえみなさんにおいても《この主張の何が重要なのか》にかんして「正しい」答えを求めるべきではありません。

ではどんな説明でも構わないのでしょうか。この問いへの答えは「否」ですが、その点を確認するためにまず、次の（ア）と（イ）の状態のあいだには大きな違いがある、という事実を押さえてください。

（ア）ベネターの「私たちは新しく人間をつくるべきでない」という主張は知っているが、《この主張の何が面白いのか》を言うことができない。

（イ）ベネターの主張を知っており、加えて「この主張は、妊娠や出産がめでたいという日常の素朴な考えを反省させる点で重要だ」などと、当該主張の面白さを説明できる。

じつに（ア）の状態よりも（イ）のそれのほうが理解のレベルが深いと言えるでしょう。

とはいえその違いは何に由来するのか。（ア）よりも（イ）のほうが「理解が深い」と言われる理由は何か。

この問いへの答えを感覚的に言えば、（ア）の段階だとベネターの主張はあくまで「自分の外」にとどまっているが、（イ）の段階だとベネターの主張が「自分の中」に場所を得ている、となります。じつに、反出生主義の重要性を自分の観点から説明できるひとにとっては、それは（たとえ主張内容に同意しないとしても）何かしらの意味をもつ立場になっています。言い換えれば、（イ）の状態に達すると、自分の思考の内部にベネターの主張が一定の役目をもつ居場所ができる、ということ。逆に、（ア）に留《とど》まるひとにとっては、反出生主義はいわば他人が言い立てているだけの「他人事《ひとごと》」に過ぎません。

ちなみに以上で見逃してはならないのは――これも第一章で述べたことと関連しますが――、〈ある主張の重要性を説明できること〉と〈その主張の内容に賛成すること〉は異なる、という点です。例えば私は、ベネターの主張の重要性を自分なりに説明できますが、反出生主義の中身には必ずしも同意しません。ただし、《この立場のどこが大事なのか》はいちおう言葉にできるので、反出生主義は私にとって「他人事」でもないのです。

けっきょく〈重要性の指摘〉とはいかなる作業なのでしょうか。それは読み手である自分の中に書き手である他者の主張の居場所をつくる作業です。たしかに書物や論文を読むさい、初めの一歩としては、《著者は何を主張しているのか》を正確に押さえることが必要不可欠だと言えます。とはいえ、その主張をせいぜい「ただ他人が言い立てていること」としか捉えられないのか、あるいはそれを自分にとっても意味のあるものと捉えられるのかは、理解の深度に大きな違いを与えます。そして、もし深いレベルの理解に達したいのであれば、《当該主張はどこが重要なのか》を明確にする作業は避けることができないのです。

以上より〈重要性の指摘〉をどんな仕方で行なうのかの方針も得られます。先にも述べたように《この主張の何が重要か》にかんして「唯一の正答」は存在しません。だから私たちは、主張の重要性をつかもうとするさいに、「正しい説明」を目指すべきではありません。むしろ——ここが大事ですが——自分にとって真に納得のいく説明を探す必要があります。なぜなら、さもなければ、その主張は自分の中に居場所を得ないから。それゆえ《どこが重要か》を言葉にするさいには、安易な説明に飛びつくことなく、心から納得のいく説明を見つける必要があります。それゆえそれはなかなか骨の折れる作業でもあるのです。

読解の方針：《この主張のどこが重要か》をつかむさいには、自分にとって心から納得のいく説明を見つけねばならない。

5 「この主張のどこが重要か」を応用する

ここからは応用編です。ここまで説明したことをより具体的に実践しましょう。取り上げたいのは現代日本の哲学者・古田《ふるた》徹也《てつや》の著書『不道徳的倫理学講義』（ちくま新書、二〇一九年）。以下、この本の主張を押さえるとともに、その主張の重要性をつかむことによって深いレベルの理解に達することを目指したいと思います。

本題に入るに先立ち題名にある「不道徳的」という表現について補足説明をさせてください。なぜならこの語は、解説なしには、誤解を引き起こしうるからです。じつに古田は「不道徳的」を、慣例的な用法ではなしに、特殊な仕方で使っています。その点を手短に説明すれば以下。

哲学の伝統において「道徳（morality）」はひとがコントロールできる行為を中心的な対象

にしてきました。というのもコントロールできない事柄に関しては「それを行なうべきだ」と述べて義務を説くことがナンセンスになるからです。そもそも――形式的に言えば――AとBのどちらを行なうかを当人が決められるときにのみ「あなたはBではなくAをせねばならない」などと義務を語ることは意味をもちます。したがって道徳を重視する倫理学すなわち「道徳的な倫理学」は、私たちにかかわる物事のうちで私たちにコントロールできるものに焦点を合わせることになるでしょう。

とはいえ古田は《コントロールできない事柄を重くみる倫理学もありうる》と強調します。すなわち、私たちにとってコントロールできない事柄とは別言すれば「運」によって決められる事柄ですが、こうした幸運や不運に焦点を合わせて《ひとはどう生きるか》を語る倫理学もある、ということ。ここで〈コントロールできる行為に話を限定すること〉を「道徳的」と形容するならば、〈コントロールできない事柄へ目を向けること〉は「不道徳的」と呼べます。古田が「不道徳的倫理学」で意味するものはこうした〈運に焦点を合わせる倫理学〉のことです。

以上の話から引き出される教訓は、言葉はときに慣例から離れた特殊な意味で用いられうる、という点です。もちろんどんな言葉でも好き勝手な意味で用いてよいわけではありませんが――じっさい慣例的な用法のほうがわかりやすいことが多い――例えば《あらゆる単語は自分の知っている意味で使われている》と前提すれば逆に他人の文章を読むことは困難になります。それゆえ、もし特定の語に違和感を抱くならば、《その語がその文章でどう使われているか》をチェックするのがよいでしょう。多くのケースで疑問は解消されるはずです。

6　言葉の使われ方を丁寧に読む

前節で、古田の『不道徳的倫理学講義』は〈運に焦点を合わせる倫理学〉を展開する著作だ、と言われました。いまから二つの節（第6節と第7節）にわたってその内容をかいつまんで見てみますが、《不道徳的倫理学とは何か》をつかむにはいつもどおりテクストの内部を行ったり来たりする必要があります。そしてグルグル回りを通じて古田の言いたいことを明らかにしたうえで――ここが本章の本丸ですが――さらに踏み込んで「不道徳的倫理学」の何が重要なのかを捉えることを目指します。それによって目標の「深い理解」が実現するでしょう。

さて同書において古田は思想史の方法を採ります。すなわち、歴史上のいろいろな哲学者に言及しながら、「不道徳的倫理学」を展開します。例えば古代ギリシアの哲学者・ソクラテスが「運」をどう論じるかを紹介したりします。この哲学者は、古田の説明によると、《善き人は運とどう向き合うか》に関して次のように論じます。

> 人生には様々な幸運や不運が去来し、さらに、他人の運の余波も受ける。しかし、善き人——徳を備え、不正に手を染めぬ者——がその影響を受けることはない。その者は、何ごとにも度を超さず、余計なことに手出しをせず、幸福に生きることに資するすべてのものを自分自身に依拠させている。すなわち、その意味で自足している。それゆえ、運よく財産や子どもを得ても、逆にそれらを失っても、動揺しないというのである。（一一一頁、傍点強調は原著者による）

ここでソクラテスは、善き人は運に左右されず必ず幸福になる、と述べています。ここでの「善き人」は〈自分のなすべきことをなして余計なことに首をつっこまない者〉を指しますが、この場合、善き人は自分に行ないうる最善のことを行なうことができればそれで満足するでしょう。そうした人物は例えば他人から理不尽に誹謗中傷《ひぼうちゅうしょう》されたとしても、言うべきことを言い返し、そのうえで自分のほうでは汚い言葉を使わず立派に応じることができれば、結果として世間がどう見るかにかかわらず《自分はやるべきことをやった》という幸福に至るでしょう。じつに善き人にとって幸福の条件は《自分にコントロールできる事柄にかんして最善を尽くせたか》です。そして、世間がどう見るかは究極的には自己のコントロールできる範囲を超えているので、世間の評判などはソクラテスの言う「善き人」にとっての幸福の条件に入りません。このようにして善き人はいかなる不運にも動揺せず幸福を保つことができるのです。

何はともあれ押さえるべきは、古田がここで紹介しているソクラテスの立場は先に説明した意味の「道徳的な倫理学」に属す、という点でしょう。なぜなら、運を幸福の条件から排除する点で、ソクラテスの立場は〈コントロールできる行為〉に焦点を合わせて「いかに生きるべきか」を論じるものだからです。その立場は要するに《運に左右される事柄を気にすることを止《や》めよ》と奨《すす》めます。この奨めに従うとき、あとは自分のコントロールの及ぶ範囲でベストを尽せば、もう心残りはありません。運に左右されず幸福が実現される、ということです。

ソクラテスの「道徳的な」立場はよくわかるものです。とはいえ古田は本の終盤で――簡単に言えば――〈運で左右される事柄で動揺すること〉の大切さを説きます。ここは先にふれた「不道徳的倫理学」が全面的に展開される箇所です。その内容を確認します。

古田はある不運な男性を一種のモデル・ケースとして「運」の問題を考察するのですが、曰《いわ》く、

ある男性が、仕事でトラックを走らせている。彼はずっと法定速度を守り、脇見もせず、前方をよく注意し、要するに完璧な安全運転をしていたのだが、道路脇の茂みから急に子どもが飛び出してきて、避けきれずにその子と衝突してしまう。トラック運転手はすぐに車を止めて救急車を呼んだが、治療の甲斐《かい》なく、その子どもは数時間後に病院で亡くなってしまった。彼はひどく落ち込み、「自分はなんてことをしてしまったんだ」とか、「子どもを轢《ひ》いて死なせてしまった」などと自分を責める。（三一二頁）

ここでは、トラック運転手がどうしようもなかったこと（すなわちこのひとのコントロールを超えた事柄）にかんして責任を感じている、という事態が語られています。ここで、もし

《運に左右される事柄を気にかけるな》というソクラテスの提案が絶対的に正しかったとすれば――そして子どもを轢いてしまったことが本当に不運の結果だとすれば――トラック運転手が責任を感じることは間違いになります。とはいえ、もし私やあなたがこの運転手の立場に立たされたとしたら、やはり責任を感じるでしょう。ここから古田は次のように指摘します。すなわち、「道徳」の見方は人間のあり方や感じ方を完全には説明しておらず、むしろ「道徳」の枠組みをはみ出すものがあるのだ、と。

ではトラック運転手は責められるべきなのでしょうか。古田は《話はそれほど単純でない》と指摘します。例えば彼は次のように論じます。

我々がトラックを運転していた当事者だったとしたら、事故後にどのような思いを抱くだろうか。子どもの葬儀に赴いて家族に謝罪したり、あるいは弔慰金を渡したりすべきだ、という人もいるだろう。あるいは、そこまでする必要もない、という人もいるだろう。

（三二四頁）

古田が言いたいのは、運によって自らに降りかかった事柄にかんしては《どう向き合うか》の決まりきった答えがない、ということです。この点はコントロールできる行為のケースと明確に対照できます。じつに、意図して他人を害したひとは（すなわち自分のコントロールのもとで他人を傷つけたり殺《あや》めたりしたひとは）必ずや非難あるいは刑罰という制裁が加えられるべきです。このように「道徳」の次元では《何をしたら何を受けるか》がだいたい定まっています。これに対して古田曰く「道徳を超えた次元では、我々は個々に自分なりの答えを迫られる」（三二五頁）。トラック運転手は自分がどうすればよいかわからないでしょう。そして、どうすればよいかのルールがない中で、《自分はどうするのか》の答えを自分で見《み》出《いだ》さねばなりません。

けっきょく不道徳的倫理学とはひとつには、*運の結果に右往左往する人間を視野に入れながら、《運によって自らに降りかかった事柄への向き合い方には決まりきったルールがない》と主張するものです。この点を押さえれば、道徳的倫理学（こちらにはそれなりのルールがある）との違いもわかります。とはいえ以上を知るだけでは古田の本がわかったとは言えません。なぜこの哲学者は《運への向き合い方にはあらかじめ定まったルールがない》などとわざわざ主張するのでしょうか。この主張の意義は何なのでしょうか。

＊　ここで「ひとつには」と制限するのは、古田の本の主張はここで述べるものに尽きないから。ただ

しここで述べるものは、たしかに古田の主張のうちの主要なもののひとつである。

古田のテクストの内部を行ったり来たりすることで「不道徳的倫理学とは何か」が明らかになりましたが——本節の文章はグルグル回りの作業の結果を提示するものです——それを明らかにするだけではまだ古田の言っていることを深いレベルで理解できていることにはなりません。じつに、ある本や論文の主張がきちんとわかるには、《それの何が重要なのか》を自分で言葉にすることが必要です。なぜなら、先にも指摘したように、それによって他者の主張が自分の中に居場所を得るからです。では古田の不道徳的倫理学の何が重要なのでしょうか。

7 人生にとってどう重要か考える

本章の第4節で、〈重要性の指摘〉には唯一の正答はない、と言われました。それゆえ《古田の指摘はどこが重要なのか》の以下の説明は、決して唯一絶対のものではなく、さしあたり私（山口）にとってピンとくるものに過ぎません。とはいえ私の説明はみなさんにとってもそれなりに参考になるものだと思います。なぜならそれは一定の型に従うものだからです。

私はたいていの場合（つねにではないですが）、《この主張は私たちの人生にどうかかわるか》を述べることによって〈重要性の指摘〉を行ないます。私にとっては、人生と関連を有さない哲学的な主張はいわば「宙に浮いた」ようなもので、まったく意味をもちません。それゆえ、古田の主張にかんしても、《それが私たちの生にどのような関係をもつのか》を言い表したくなります。

トラック運転手の話へ戻りましょう。この人物は、不運のために巻き込まれた事故にかんして自責の念を抱き、死んでしまった子どもやその遺族に対して何ができるかを悩んでいます。この意味でこのひとは「運を引き受けている」と言えます。そして古田の主張の重要性はこうした「運の引き受け」に関連して説明できます。じつに彼曰く、

> ただし、その引き受け方は様々だ。たとえば、偶然と思われたものは実は必然だった、という風に捉えられる場合もあるだろう。［……］それはまさしく、当該の出来事をまさに運命として受け止めていくプロセスだとも言える。
> 他方で、偶然をあくまで偶然として受けとめつつ、その偶然の結果を引き受ける、とい

うこともありうるだろう。それは、自分の人生の諸局面に対してことさらに意味づけを行うことなしに、ともかくそうなってきたことの集積として、自己とその生の中身を受けとめることである。(三三三―三三四頁、傍点強調は原著者による)

ここでは、私たちは、運の結果を「運命」という必然として引き受けることもできれば、それをあくまで偶然的な「めぐりあわせの悪さ」と受け止めることもできる、と言われています。トラック運転手のケースで言えば、例えば事故を十字架として背負って生き方を変えていく道が前者にあたり、事故へ過剰な意味づけを行なわず「人生、なるようになる」と軽快に生きることが後者にあたるかもしれません。押さえるべきは、こうした個々の生き方が善いか悪いかをジャッジすることは古田の関心に属さない、という点です。むしろ彼は、その手前で立ち止まり、《いずれにせよどちらの生き方も可能だ》と述べます。私たちはどちらも選ぶことができる、ということです。

ここから古田の主張――《運への向き合い方にはあらかじめ定まったルールがない》という主張――のどこが重要なのかも説明できます。なぜなら、この主張によって、私たちの人生に課せられたひとつの「課題」が明らかになるからです。じつに私たちはみな、何を選べばよいのかのルールがない中で、幸運や不運の結果をどう引き受けるのかを選ばねばなりません。ひとによっては幸運の結果を「自分の実力」と見なして高ぶるでしょうし、ひとによっては不運の結果を「これもまた自分の一部」と認めて次の一歩を模索するでしょう。こうした〈運の引き受け方〉は各人の人生を形づくるものであって、どうでもよいものではありません。古田の主張は私たちの目をこの事実へ向けてくれます。すなわち、《私たちは運にどう向き合うかを自分で決めねばならない》という事実へ気づかせてくれる点で彼の主張は重要だ、ということです。

以上のように人生とのかかわりに言及することで《古田の主張はどこが重要か》は説明できます。とはいえ――重要な注意をあらためて述べると――人生と関連づけて主張の重要性を指摘するというやり方はあくまでひとつの型に従うものに過ぎません。例えば数学書や物理学書などのいわゆる「理系の」本については、《それが人生にどうかかわるか》を述べることなしに、内容の重要性を指摘できるでしょう。みなさんも自分なりの型を作ってみてもよいかもしれません。

最後にもうひとつ重要な注意ですが、どれだけ考えても《この主張はどこが重要なのか》がわからない場合にはどうすればよいのでしょうか。その場合、「この本の主張は〈私にとって）どうでもよいものだ」と裁く可能性が生じます。そして、どうでもよい内容の本はじっさいに存在するので、そのように判定することはときにOKです。ただし――覚えておいてほしい点として――新たな話題を学び始めるさいには、あまり性急に《この本の主張はどうでもよいものだ》と結論してはなりません。なぜなら初学者はまだ内容の意義を見出すセンスを鍛えられていないからです。それゆえはじめのうちは、たとえ主張の重要性が見出せなくても、何かしら考えつくことを期待してじっくり思案するほうがよいでしょう。いろいろな角度から検討することはそれ自体で自己の感性の成長につながります。

第七章　具体例を挙げ、深く理解する

1　本書の重要性について

前章では、本や論文の主張を深く理解するには《それの何が重要なのか》を自分で言葉にできることが必要だ、と指摘されました。こうした〈重要性の指摘〉というテクニックはみなさんが本書を読むさいにも活用することができます。以下、少しやってみましょう。

本書は《難しい本をどう読むのか》を説明しますが、そこで提示される読解の正攻法は「解釈学的循環」をキーコンセプトとするものでした。具体的には、本や論文を読み解くさいには全体と部分を行ったり来たりしてグルグル回りにうまく入りこむことが大事だ、ということ。この本を読まれるみなさんの各々がこのやり方を体得し、いくつかの個別的なテクニックを駆使して難解なテクストを自分で読み進められるようになる——これが本書の目指すところです。

以上の内容のどこが重要かは「それ以上説明する必要はない」と言えるかもしれません。ただしなぜそう言えるかの理由は、決して私が卓越した書き手だからなどではなく、むしろ《難解な文章を読めるようになることの大切さは説明されるまでもなく明らかだから》に過ぎません。とはいえ本書で言われる「グルグル回り」の重要性はもう一歩踏み込んで指摘することができます。

例えばあなたは本を律儀に前から読もうとしてはいませんか。そして、わからない箇所に出くわしてつまずいてしまうと、あきらめて本を放り出してしまうことはありませんか。私も自分のことを振り返ると、けっこう長い間そうした読み方をしていた気がします。そしてこれは難しい本を読めないことの原因の代表でもあります。世の中には、テクストの内部を行ったり来たりすることをせず、難解な箇所に突き当たるとそこでお手上げになってしまうひとは多いでしょう。それゆえ《わからない部分があってもとりあえず読み進めて全体からその箇所の意味を考えよ》という本書のアドバイスは意義があると言えます。それは〈難しい文章を読み進められないことの代表的な原因を取り除く〉という意義です。

以上が本書の主張にかんする重要性の指摘です。さしあたり体感してほしいことは《主張の重要性がわかればそれをより深いレベルで理解できた感じがする》という点です。そして、なぜそう感じられるかと言えば、じっさいに深いレベルで理解するに至ったからです。じつに、前章で繰り返し指摘したように、《どこが重要なのか》を自分の言葉で説明できるようになれば、主張は自分のうちに場所を得ることになります。書物の言っていることが〈他人の意見〉であることを超えて〈自分の内部に位置をもつ考え〉になる――このときはじめて、その本はきちんと理解されたことになります。

さて本章は、「内容」にかんする読解技法のふたつめとして、〈具体例を挙げること〉を説明します。じつに本や論文にはときに抽象的な議論が提示されますが、そうした箇所を理解するさいには必ず何かしらの具体例を当てはめねばなりません。本章では、いくつかの実例をとおして、〈具体例を挙げること〉の重要性を強調します。

議論は以下の順序で進みます。はじめに《本や論文を読んでいるときのどんな場合に具体例を挙げる必要があるのか》を簡単な事例で説明し（第2節）、そのうえで《具体例に良し悪しの区別がある》という点を確認する（第3節）。つづけてより良い具体例をどうやって提示するかのテクニックを解説し（第4節から第5節）、最後に本書で紹介する「内容」にかんする読解テクニックの意義を一歩踏み込んで指摘する（第6節）。

2　抽象的な主張は具体例で考える

〈具体例を挙げること〉の重要性――それが実感されるのは以下のような文章を読むときです。これはオーストリア生まれのユダヤ人哲学者マルティン・ブーバーの本『我と汝《なんじ》』の冒頭部分ですが、話の導入部であるにもかかわらず難しい箇所だと言えます。

ひとは世界にたいして二つのことなった態度をとる。それにもとづいて世界は二つとなる。

ひとの態度は、そのひとが語る根源語の二つのことなった性質にもとづいて、二つとなる。

根源語は孤立した語ではない。複合的な語である。

根源語の一つは〈われ〉-〈なんじ〉であり、他は〈われ〉-〈それ〉である。ただし、この場合、〈それ〉のかわりに、〈かれ〉、あるいは〈かの女〉という言葉を使っても、根源語にかわりはない。

上のことからして、ひとが〈われ〉というとき、その〈われ〉には二重の意味のあることがわかる。なぜなら、〈われ〉-〈なんじ〉における〈われ〉と、〈われ〉-〈それ〉におけるる〈われ〉とは、たとえ言葉が同じでも、意味するところはまったく違っているからである。（野口啓祐訳、講談社学術文庫、二〇二一年、八頁）

ここでは、〈われ〉-〈なんじ〉という複合的な語（これは「われ」と「なんじ」のふたつの部分からなる言葉なので「複合的」とされます）と〈われ〉-〈それ〉という複合的な語が、どちらも根源語だ、と言われています。ここでの「根源語」が〈特定の世界を立ち上げる言葉〉のことだという点を押さえると、引用の主張は次のようにまとめられるでしょう。〈われ〉-〈それ〉という根源語が立ち上げる世界と、〈われ〉-〈なんじ〉という根源語が立ち上げる世界とは互いに異なっている、と。

これは何を言っているのか、とツッコミを入れるひとが多いでしょう。そしてその反応は自然です。なぜなら引用の文章はまさしく「抽象的」と言えるものだから。すなわちそれは具体的な事態を記述するのではなく、むしろ一般的な「枠」を提示しようとしています。そして――ここが肝心ですが――そうした枠が何なのかを理解するには具体例を考え合わせる必要があるのです。以下、要点を明確にするのに役立つ具体的事例を考えてみます。

第一に押さえるべきは、何かを「それ」という語で捉えることと、同じものを「なんじ」すなわち「あなた」という語で捉えることのあいだには、大きな違いがある、という点です。例えばみなさんは犬や猫を「それ」と呼ぶことができます。あるいはみなさんは同じ犬や猫にたいして「あなた」と呼びかけることもできます。このふたつの事態のあいだの違いをクローズ・アップすること、これがブーバーの行なっていることです。

犬や猫の具体例を使ってさらに考察を進めてみましょう。

例えば近所に野犬や野良猫がウロウロしていて住民の生活に害が生じているとします。例えば子どもが野犬に追いかけられたり、あるいは野良猫の糞《ふん》によって衛生的な問題が起こっていたりなど。この場合、もちろんいきなり〈捕まえて殺処分すること〉などは人の道に反しますが、それでも何かしらの対策をとらざるをえません。すなわち私たちは生物学や疫学の知見を駆使しながら、野犬や野良猫の生活や行動をうまく「コントロール」し、近隣住民の暮らしに害を及ぼさないようにさせねばなりません。

さて、動物をいわば害獣と見なし、それをコントロールの対象とするとき、私たちは犬や猫を「それ」という語によって捉えます（例えば「そいつらの繁殖を予防せねばならない」などと言います）。これに対して、親しい家族として犬や猫に接するときに私たちは「あなた」や「きみ」などの語で呼びかけます。そして、犬や猫を「それ」で捉えるときと、同じ動物を「あなた」で捉えるときとで、大きな違いがあります。それは世界への私の向き合い方にかんする違いです。――どういうことか。

ブーバーは引用の終盤で「〈われ〉-〈なんじ〉における〈われ〉と、〈われ〉-〈それ〉における〈われ〉とは、たとえ言葉が同じでも、意味するところはまったく違っている」と述べますが、ここにその違いが現れています。一方で、野犬や野良猫を「それ」と捉えてその行動をコントロールしようとするとき、私は世界の側の対象をいわば自分の意のままにしようとしています。簡単に言えば、自分の願望や欲求にうまく合致するように、世界の側を変えていこうとしています。これに対して親密な犬や猫を「あなた」と捉えるとき、私はその行動を尊重します。そして自分の意のままにしようとはしません。このように――ブーバーの指摘するとおり――「それ」を使うときと「あなた」を用いるときで、世界に対する「私」の態度は大きく異なるのです。

このあたりが引用で最も強調されている点であり、ここが理解できれば文章の主旨をつかめたことになります。ブーバーの言っていることの要点をいま一度確認しましょう。

一方で「私」は世界をコントロールしそれを意のままにしようとすることができる。他方で「私」は、世界をそのままに受け入れ、共に生きようとすることもできる。引用の文章はどっちの態度が良いとか悪いとかを述べませんが、いずれにせよ《世界に対して私がとる態度には、異なるふたつのものがあるのだ》と指摘します。そして、世界をコントロールしようとする「支配志向の」態度とは別に、自分の意のままにならない「あなた」を受け入れそれと共に生きようとする態度もあるのだ、と述べます。――こうした指摘を通じて私は例えば次の点を理解します。すなわち、一切を「それ」と捉えて意のままにしようとするひとは、自分の支配を超えた「あなた」との出会いを失っている、と。

3　本当の理解には具体例が必要

以上にかんして注目されたいのは、犬や猫などの具体例を考えることで〈われ〉と〈なんじ〉と〈それ〉にかんするブーバーの文章に「中身」があることが確認できた、という点です。じつに抽象的な議論は、それ自体では、内容のない言葉遊びと区別のつきにくいところがあります。そして、《ある議論が中身のある話なのか、たんに言葉を弄ぶだけの空談なのか》を判別するには、《具体例が挙げられるかどうか》を試すのがよい。そして、適切な具体例を見出《みいだ》すことができれば、問題の議論が空虚な戯言《ざれごと》でなかったことが判明します。

さて――話を進めますが――〈具体例を挙げること〉の重要性はこのあたりの事実との関連で説明できます。本節ではこの点をじっくり解説させてください。

そもそも私たちは、個別的な物事だけでなく、一般的な事柄も知りたいと考える存在です。例えば大砲をどの角度で撃てば最も飛距離が得られるかを知ろうとするさい、より一般的に、物体を斜めに投射したときの〈質量・投射角・飛距離〉の関係を物理学的に解明したくなります。他方で――重要な事実として――私たちは一般的な事柄をそれだけで理解することができません。その理由はおそらく、《この枠組みはどう使われるのか》がわからなければ、その枠の意味をつかむことができないからでしょう（すなわち、意味がわかるには具体的な使い方を知らねばならない、ということ）。そして、一般的な枠組みの使い方を知る最短の道は、《それがどういう具体例をもつのか》を知ることなのです。

読解のテクニック（3）：具体例を挙げることで、抽象的な議論の提示する一般的な枠組みがじっさいにどう用いら

――れるかがわかる。

いま述べた点は重要ですので同じことを別の角度から述べさせてください。私たちは一般的な法則や枠組みを表現するために抽象的な言葉を使います。なぜなら、たったいま述べたように、人間は一般的な事柄も知りたいと考える存在だからです。とはいえ、ちょっと困ったことかもしれませんが、人間は抽象的な言葉で表現された一般的な事柄を具体例なしに理解することができません。というのも、例えば〈われ〉-〈それ〉と〈われ〉-〈なんじ〉は異なると言われただけでは、この区別をどう使ってよいかわからないからです。そして使い方を確認するために必要なのが具体例なのです。

それゆえ私たちは本や論文を読んでいて「ここは抽象的だな」と感じる箇所に出会ったら、めんどうを厭《いと》わずに具体例を考え出す必要があります。そして、しっくりいく具体例が思いつかないあいだは、《自分はまだこの箇所を完全には理解できていない》と自覚せねばなりません。これはじっさいそうです。同じ具体例で恐縮ですが、ブーバーの文章にかんしては「〈われ〉-〈それ〉という根源語が立ち上げる世界と〈われ〉-〈なんじ〉という根源語が立ち上げる世界とは互いに異なる」という一般的な枠組みを押さえるだけでは十分な理解に達していると言えません。要するに、抽象的な議論にかんしては、文字だけを追ってわかった気にならないことが大事なのです。

ところで――次の話題へ進むと――具体例は何でもよいわけではありません。むしろ一般的な枠組みのポイントを明確にする「ばっちりの」具体例を挙げる必要があります。こうした具体例（すなわち一般的な事柄の要点をはっきりさせる具体的な事例）はときに「モデル」と呼ばれることがありますが、本書でもこの言葉づかいを採用します。本章の残りの箇所では《どうやってばっちりの具体例、すなわちモデルを見つけるのか》を説明していきます。

モデル
＝文章で提示される抽象的な枠組みの使い方をばっちり示すような具体例

ただしその前にブーバーの『我と汝』がそもそもどんな本なのかを手短に解説しておきましょう。同書はユダヤ思想や二〇世紀初頭の戦争などのいろいろなバックグラウンドをもちますが（この点は文庫版に付された佐《さ》藤貴史《とうたかし》氏の解題で説明されています）、哲学の業界でこの本が有名であるのはそこで世界と自己をめぐる鋭い洞察が提示されるからです。本書（すなわちみなさんがいま読んでいる『難しい本を読むためには』）の第二章で永井均の〈私〉をめぐる議論が紹介されましたが、ブーバーはだいぶ異なる観点から〈われ〉を論じます。そしてそれはいわば「他所では味わえない」面白みを具《そな》えています。私自身は大学の学部のころにはじめて読みましたが、先ほど引用した冒頭部の迫力にびっくりしたことを覚えています。アクセル全開で始まるような感じで、一瞬で読者を著者の思想のうちに引き込みます。おすすめの一冊。閑話休題。

4 「恋する人は屍である」とは？

では《どうやってモデルを見つけるのか》という話題にはいりましょう。この点の説明に役立つ著作として哲学者・左近司祥子《さこんじさちこ》の『哲学のことば』（岩波ジュニア新書、二〇〇七年）を取り上げます。この本は古典に詳しい左近司が、哲学者たちの文章からいろいろなフレーズを引用してそれを解説していくものです。具体的には人間・恋・友情・学問・自己・生死などのテーマについて多くの哲学者の言葉が取り上げられます。ちなみに同書においては各章の扉のページに猫のイラストが描かれていますが、たぶん左近司の趣味だと思います（彼女は『哲学するネコ』という本も書いているので)。

左近司が哲学者たちの言葉を読み解くやり方は《どうやってばっちりの具体例を見つけるのか》にかんする示唆を含むので、以下、ちょうどよい箇所を読んでみたいと思います。左近司は「恋する気持ち」と題された章でイタリアの思想家フィチーノの次の言葉を考察します。

恋する人は屍《しかばね》である。(二一四頁、太字強調は原著者による)

「何を言っているのだ?」とこれまたツッコミたくなる文章です。「屍」はもちろん〈死んでしまった身体〉を意味するので、フィチーノの言葉は文字通りに解すれば《恋をするひとは死んでいる》ということを意味しますが、これは少なくともそのままでは意味がわかりません。では『哲学のことば』の著者はこれをどう読み解くのでしょうか。

左近司は、本書を読むみなさんには予想されたことかもしれませんが、フィチーノのテクストの内部を行ったり来たりします。すなわち全体の流れを考慮しながら個々の文の意味を読み取ろうとします。これは《彼女も文章を読むさいにグルグル回りにうまく入り込もうとする》ということを意味しますが、これは驚くべきことではありません。なぜなら、本書で説明される「解釈学的循環」を鍵とするやり方はまさに読解の正攻法ですので、古典の研究者がそれを実践することはむしろ当然だと言えるからです。

左近司は、フィチーノのテクストに現れる複数の文をとりあげながら、先に挙げた「恋する人は屍である」という言葉を以下のように読み解きます（一一六頁）。ひとが生きるということは、自分のことを考えて、自分の生をよりよくしようとすることである。とはいえ、恋するひとは自分のことをかえりみずに、相手のことを考え、相手の生をよりよくしようとする。したがって恋するひとは、〈自分のことを考える〉というひとが生きることの条件を満たしていない。これは死んでいるのと同然だ。それゆえ恋するひとは「屍」だと言えるのである――。

以上のように考察すれば、フィチーノの言葉は《恋するひとは、ふつうの生者のように自分のことを第一に考えていないので、その点において死んでいるようなところがある》という事態を意味している、と理解できます。理解のポイントはフィチーノの言うところの「ひとが生きている」および「ひとが死んでいる」の基準でしょう。図式的にまとめると次です。

ひとが生きている ⇕ 自分のことを考える
ひとが死んでいる ⇕ 自分のことを考えない

この図式を受け入れるならば《恋するひとは、相手のことばかりを考えて自分のことを考えないので、死んでいると言える》と認められます。それゆえフィチーノの言葉はいちおう意味のあるものであったことがわかります。とはいえ——ここからが肝心ですが——話が以上で終わってしまったならば、なぜこの思想家はわざわざ「恋する人は屍である」と述べたのかわかりません。じっさい、恋をするひとが相手のことばかりを考えておりこの意味で「死んでいる」のと同然だとしても、それが何だというのでしょうか。いったいフィチーノはそれを指摘することで何が言いたいのでしょうか。

5　ばっちりな具体例を見つける

左近司も、「恋する人は屍である」という言葉の重要性はそれだけを切り取って考えてもよくわからない、と認めます。彼女によれば、むしろそれは「よみがえり」の話と結びついて初めて十全に理解されます（二六頁）。じつにフィチーノ自身が先の言葉を「復活」の話題に結びつけているのですが、左近司は、このイタリアの思想家の議論を自分の内部で咀嚼して次のように説明します。

恋する人は相手のうちに居場所を見つけ、よみがえるのですが、相手のうちによみがえって生存している自分を見つけることで、もう一度、自分を自分のうちに迎え入れ、自分のうちで自分となってよみがえるというのです。（二七頁）

ここでは《恋することで「死んでしまった」ひとはどうやってふたたび生を取り戻すのか》が説明されています。フィチーノによれば、恋するひとは相手のことばかりを考え、自分のことをかえりみません。これは、恋においてひとはいったん自分を「殺す」、と言い換えてもいいでしょう。とはいえ――引用で指摘されるように――恋するひとはその後、相手のうちに〈自分の大切なもの〉を見出すことになります。そして、その大切なものに合わせて自分を変えていくことで、それを自分の中に移し入れます。そうすることで恋するひとは、ふたたび自分のことを考えるに至り、ひととして「生きている」ことになるのです。

さて以上の議論は《恋とはどのようなものか》を描く一般的な枠組みを提示していると解釈できるでしょう。すなわちその枠組みとは

恋するひとは、はじめに自分を殺し、次に相手のうちに新たな自分を見出し、続いてそれを自分のうちに移し入れ、最後に新たな自分を生きるようになる。

という具合に恋を「死」と「生」で分析する理論です。この枠組みは面白いことを言っていそうな雰囲気を醸し出しますが、はたして具体的に何を述べているのでしょうか。恋を生と死で分析することによって私たちは何を知ることができるのでしょうか。

この点をはっきりさせるのに役立つのが具体例ですが、本節で強調したいことは《どんな具体例でもOKなわけではない》という事実です。より正確に言えば、ある文章の理解を深めるために挙げられる具体例には〈よいもの〉と〈そんなによくないもの〉が区別できるので、私たちはベターな具体例を挙げるよう努めねばならない、ということ。《具体例には良し悪しの区別がある》というのが前節および本節の指摘ですが、以下この点を踏み込んで確認したいと思います。

例えば、フィチーノが念頭においているのは《恋においては相手の好みに合わせて新たな自分になる》というケースだ、と述べるひとがいるかもしれません。これはたしかに先の枠組みの具体例になっていそうです。例えば恋に落ちる前は長めの髪の毛であったが、恋に落ちて相手の好みに合わせた後、髪が短くなった、というのはよくある話です。この場合、かつての長い髪の自分は死に至り、その後で短い髪の新たな自己としてよみがえった、と言えるかもしれません。

とはいえフィチーノの枠組みにはもっと深みのある具体例をあてがうこともできるのです。じっさい、恋においては〈相手の好みに合わせるだけでなく〉世界を相手と同じように見る「視点」も得られる、と述べるひとがいるかもしれません。言い換えれば、短髪好きの恋人ができたために髪を短くするようになったなどの「外面的な」事柄を超えて、恋によって自分の「内面」が大きく変化する、ということ。さらに言えば、〈世界をあなたと同じ仕方で見るようになる〉という仕方で、恋において自己の内なる眼が刷新される、ということです。

こうした点を左近司は次のように説明します。

恋も、自分を捨てて成り立つ行為なのです。決して、自分がいて、自分の気に入った相手をしゃにむに自分のほうに引っ張ってくることなのではありません。でも、自分を捨てたご褒美《ほうび》として、豊かな実り、相手の視点をも自分のものにできるということが用意されているのです。

相手の視点を自分のものにするというのは、普通は起こりえないことです。相手の言ったことに同意したり、相手の言うことと同じことを言うことはできます。でも視点を一緒にするということは、そういったことではありません。同じほうを向き、同じように見ていなくてはいけないのです。言葉だけが一致するのではなくて、見ている内容も、見方も、感動の仕方も同じということです。（二一八頁）

ここでは、恋が自分の外見などを変えるにとどまらず《世界のどこに目を向けるか》や《何に感動するか》という内面を新たなものにするのだ、と指摘されています。たしかに恋にはこうした側面があるでしょう。具体的には、例えば以前は何とも思っていなかった映画や小説について、恋する相手の「あれはよい作品だ」という感想をきっかけとして、自分のほうでもそれをじっくり鑑賞するようになり、結果として、そのよさを感じとることができるようになる、ということがあります。このように他者の視点は自己を豊かにしてくれるものなのです。恋がときに切ないものでありながらもやはり望ましいものであることの理由は、このあたりにあると言えるかもしれません。

以上の議論で押さえるべきは、相手の好みへ自分を合わせるという例よりも、相手の視点が自分のものになるという例のほうが、フィチーノの恋愛論のよりよい具体例になっている、という点です。この点は——次節でもう一歩踏み込んで説明しますが——本節の議論だけからしても「たしかにそうだ」と言える事実でしょう。じっさい、恋を「死」と「生」で分析するフィチーノの枠組みがたんに《長髪の自己が死んで恋人の好みに合った短髪の自己が生きる》などを具体例とするにとどまるならば、それはたいへんつまらない話です。そして、恋が世界の見方を変えてしまう、くらいにダイナミックなことが語られているほうが面白い。ふたつの事例を比較すると、左近司の挙げる〈相手の視点を自分に取り入れる〉というケースこそがフィチーノの言葉を理解するさいのばっちりの具体例＝モデルになっていると言えます。

6　具体例の良し悪しの基準

ところで——この点をきっちり言語化することが大事ですが——なぜそう言えるのでしょうか。すなわちなぜ《相手の好みに合わせて髪の長さが変わること》ではなく《相手の視点を取り入れて世界が新たな仕方で見られるようになること》のほうがフィチーノの言葉を理解するモデルとしてふさわしいのでしょうか。なぜ前者より後者のほうがベターだと言えるのでしょうか。いったい具体例の良し悪しの基準は何なのでしょうか。

はじめに押さえるべきは、《どの具体例がベストか》の絶対的な基準は存在しない、という点です。例えば——前節の話題をつづければ——私にとっては左近司の〈相手の視点を自分に取り入れる〉という例はフィチーノの言葉を理解するための良いモデルになっていますが、ひとによっては「どうもピンとこないなあ」と感じることもあるでしょう。そして、ピンとこない以上、そのひとは別の具体例を探さざるをえません。おそらく、あらゆるひとにとってピンとくる具体例というものはめったにない、と言えると思われます。

かくして具体例の良し悪しの基準は必ずや不確実性を含むのですが、それでも〈良し悪しの目安〉というものはあります。というのも、前章で《文章の内容の重要性を指摘するさいには自分にとって納得のいく説明を探すべきだ》と述べられましたが、同様のことがここでも成り立つからです。じつにモデル（ばっちりの具体例）の基準は次。すなわち、いろいろ検討した結果として、自分にとって多くを気づかせてくれる具体例こそが文章の提示する一般的な枠のモデルになる、と。

この点はフィチーノの文章で確認できるでしょう。じっさい、少なくとも私にとっては（そしておそらくあなたにとっても）、髪の毛の長さの事例よりも《相手の世界の見方が自分のものになる》という事例のほうがより多くのことを気づかせてくれる具体例になっています。だからこそ私は後者をフィチーノの言っていることの「モデル」だと見なしたわけです（そしておそらくあなたもそれをばっちりの具体例だと考えたはずです）。

以上よりモデル探しの方針が判明します。それは、ある意味で当たり前ですが、なるだけ慎重に検討することです。言い換えれば、何となく思いついた具体例に安易に飛びつくのではなく、ベターなものはないかと立ち止まって考えてみることです。左近司はじっくり検討した結果として《相手の世界の見方が自分のものになる》というなかなか「深い」事例に行きつきました。さしあたりのテクニックとしては次のものが推奨されうるでしょう。それは、文章の提示する一般的な枠の具体例がひとつ見つかったときも、いまいちど《ベターな事例はないか》を再考してみる、というものです。そして、もうそれ以上よりよいものが見つからないときには、（さしあたり）それをモデルとして理解すればよいでしょう。

読解のテクニック（4）：
モデル（すなわちばっちりの具体例）を探すときには、ひとつ具体例が見つかったとき、いまいちど《ベターな例はないか》を検討するのがよい。

こうなると重要な疑問がひとつ生じます。すなわち、自分に思いつく具体例がことごとくそんなに良くないものだったらどうしたらいいのか、と。この問いへの第一の答えは「まあ、じっくり検討して具体例を考案する限り、そうしたケースはそれほど多くないから安心してください」というものですが、さらに《そこで役立つのが読書会だ》と付け加えたい。読書会というのは（一般に）一冊の本やひとつの論文を選んでそれを複数人で読んでいく営みですが、そこでは《他人がどう具体例を出してくるのか》を体験できます。そしてそれによって自分のモデル探索のセンスも鍛えられます。本書は次章から《読書会はどう行なわれるのか》の説明へ進みますので、こうした点はそこであらためて触れることにしましょう。

コラム　解釈の道具立てを使う

前章と本章においては文章読解における「内容」にかんするテクニックを紹介してきましたが、補足として《こうしたテクニックは根本的にどんな意味をもつのか》を俯瞰《ふかん》的《てき》に解説しておきたいと思います。なぜなら「内容」にかんするふたつのテクニック――すなわち〈重要性を指摘すること〉および〈具体例を挙げること〉――の意義は「解釈」という道具立てを通じてさらに踏み込んで説明できるからです。以下、確認しましょう。

第六章および第七章の議論で前提となっていた事柄のひとつは次です。すなわち、文章は書いてあることをそのまま知るだけではわかったことにはならない、と。例えば前章の例を振り返れば、ベネターは《私たちは新たに子どもをつくりだすべきでない》と主張しますが、この主張はそれだけでは決してピンとくるものではありません。そして、この主張を深い次元で理解するためには、《この主張はどの点で大事なのか》を自分なりに言葉にできる必要があります。

ところで《こうした作業において何が起こっているか》についてはもう一歩踏み込んで説明することができるのです。前章において〈主張の重要性を指摘すること〉は〈自分の中にその主張の居場所をつくることだ〉と述べられましたが、より抽象的に、重要性の指摘という作業は〈他人の文章と自分の考えとのあいだに循環的な関係を置く営み〉だと言えます。じっさい、ベネターの主張の大事さを自分なりに説明できるようになると、自分の価値観にもとづいて「反出生主義は重要なところがある」と言えるようになるでしょう。そして同時にベネターの考えのうちに〈自分が大事だと思っていること〉が表現されていることにもなります。こうした状況を図にすれば次頁です。

ここでは〈ベネターの主張〉と〈読者自身の価値観〉とが「グルグル回り」の仕方で互いに強め合っています。そしてこうした循環ができあがればベネターの主張は、読者にとって理解できるだけでなく、彼女あるいは彼にとって役立つものにもなります。そして――ここがコラムのポイントですが――こうした循環を作り上げることが文章を理解するさいに大切なステップであるのです。

ここで自然な問いをひとつ。はたしていま述べた循環と第三章で論じた「解釈学的循環」はどう関係しているのか。じつに「解釈学的循環」は〈テクストにおける全体と部

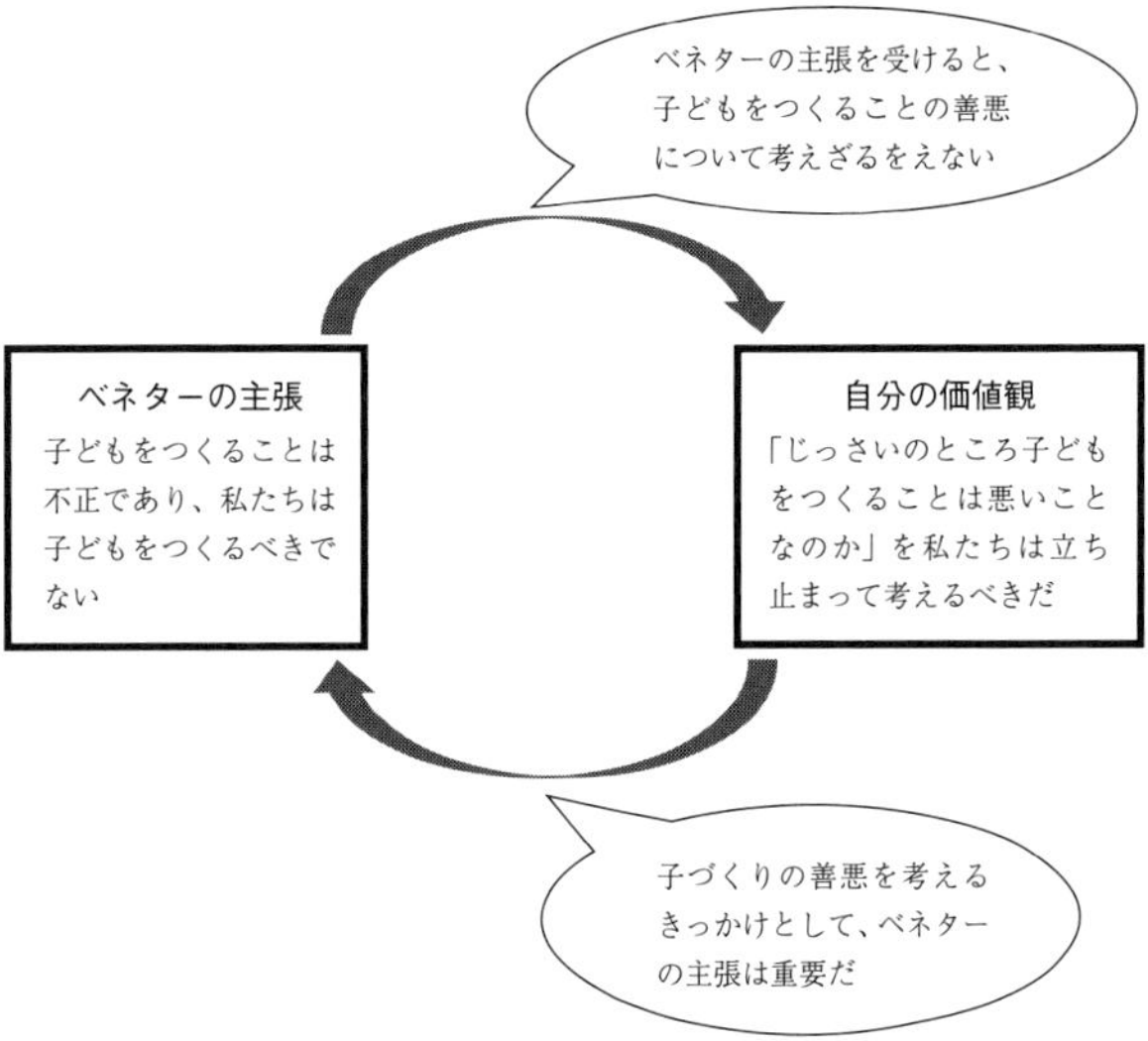
ベネターの主張を受けると、
子どもをつくることの善悪
について考えざるをえない
ベネターの主張
子どもをつくることは不正であり、私たちは子どもをつくるべきでない
自分の価値観
「じっさいのところ子どもをつくることは悪いことなのか」を私たちは立ち止まって考えるべきだ
子づくりの善悪を考える
きっかけとして、ベネター
の主張は重要だ

分のあいだの理解の循環〉を指すので、それはここで図示されたものと異なります（というのも後者は文章の主張と読み手の価値観とのあいだの循環であるので）。とはいえまったく関係がないわけでもありません。というのも理解という営みには必ずある「循環」が属すからです。じっさい、テクストが自分にとってわかるものであるからこそ自分はそれを理解できるのだが、他方で同時に自分がそのテクストを読める人間であるからこそこのテクストは自分にとって意味をもつのだ、と言えます。このように理解という営みのうちには

何かしらの「グルグル回り」が存在するのです。

以上の議論によって強調したいのは、読むことにおいて読者が一方的に「主」であるわけでもなければテクストが一方的にそうであるわけではない、という事実です。それゆえ〈読んで理解する〉という営みは決して例えば《読み手が文章の内容をわがものにする》という一方的なものではありません。むしろ、読み手の側も自己を変化させつつ、テクストと読者とのあいだにいわば「協力的な」関係を成り立たせることが〈読む〉ということなのです。これをさらに言い換えれば次のようになるでしょう。すなわち、テクストに含まれる内容のポテンシャルと、読者の側の読解力とが合わさったところで、《自分にはこの文章がよくわかる》という相互的な関係が成立するのだ、と。それゆえ読者は、たしかに自分の都合の良いように文章の主張を捻《ね》じ曲げてはなりませんが、それでも同時にテクストに秘められた意味を自分のできる限りベストな形で引き出すよう努力もせねばなりません。このように〈読んで理解する〉とは文章と読者のいわば共同作業なのです。

かくして文章で提示される一般的な枠組みにたいして具体例を挙げることもまたテクストと読者のあいだに「協働の」グルグル回りを打ち立てることに他なりません。例えば左近司がフィチーノの「恋する人は屍である」という文へ《ある仕方で世界を見ていた自分が死んで、恋する相手と同じ仕方で世界を見る自分が復活する》という事例をあてがうとき、《左近司の言葉はフィチーノのそれを肉づけし、逆にフィチーノの文は左近司の言いたいことを鮮やかにまとめる》という協働関係が成立します。第三章ではひとつの文章の内部で部分と全体を行ったり来たりすることが論じられましたが、読むことにおけるグルグル回りはそれに尽きません。すなわち〈自分と文章とのあいだに一定の循環関係をつくること〉もまた読むという営みの一部なのです。

Ⅲ　実践編

第八章　ほかの人の「読み」を聞く

1　読書会の有用性

ここまで、第一章から第三章では難しい本を読むさいの原理として〈全体と部分のグルグル回りに入り込むこと〉という正攻法が説明され、第四章から第七章では個別的な読解のテクニックが紹介されました。すなわちはじめに「原理編」が、次に「方法編」が提示されたということです。そしてここからは「実践編」として読書会をテーマとします。《読書会をどうやって行なうのか》という「実践的な」問題が本章と次章の話題です。

なぜことさら読書会を取り上げるのか——はじめにこの点を説明しておきましょう。

難しい本を読むための読書会の効用は前章で少しだけ触れられました。そこでは《抽象的な議論を理解するには読者の側でばっちりの具体例を考え出す必要がある》と指摘されましたが、そうなると独りで読んでいるとき《よい具体例が思いつかず抽象的な箇所をきちんと理解できない》というリスクが生じます。これに対して、読書会という〈ひとつの文章へ複数人で向き合う場〉においては、自分はダメでも他のひとがうまい具体例を考えつく可能性があるでしょう。さらには他のメンバーの読み方を参考にして自分の理解をブラッシュアップすることもできます。このように読書会は、難しい本を読み解くことにとってさまざまな有用性を具《そな》えています。

私も大学の学部生のころから読書会に参加してきました。そして現在も毎週いくつかの集まりで勉強しています。もちろん独りで読むこともあるのですが――じっさいには独りで読む時間が一番長い――それでもいくつかの本にかんしては《複数人で取り組まなければ読み通すことはできなかった》と感じられます。それゆえ、〈難解な本を十分な理解に至るまで読み進める〉という目標にとって読書会は「かなり役立つ」手段だ、と言いたい。本章と次章においてそのやり方を説明する動機はこのあたりにあります。

たったいま、私は大学の学部生のころから読書会をしてきた、と言いましたが、高校生（さらには意欲ある中学生）も自分たちでそれを行なうことは可能でしょう。私自身もまた「大学に入る以前にやり方を知っていたら、そして環境が整っていれば、読書会を開いてもっと効率よく勉強できたかもしれないな」と考えたりします。それゆえ本章と次章の議論は、高校生や中学生に向けて《読書会、やってみないか》と勧誘する気持ちも含まれています。たしかに場合によっては（例えばちょうどよいメンバーが見つからないなどには）独りで読むことは避けられません。とはいえチャンスがあれば読書会はやってみるほうがよい。というのも、繰り返しになりますが、それは難しい本を読むことにとってかなり役立つ手段だからです。

というわけで本書の「実践編」のテーマは読書会になります。はじめにこの章では「読書会入門」として《そもそも読書会はどのような集まりなのか》や《どうやって進行するのか》などの基礎事項を説明しましょう。そのうえで次章において私自身の読書会の経験を物語に仕立てることでひとつのケース・スタディを提示したいと思います。結果として《読書会、やってみようかな》と思うようになっていただければ幸いです。

本章の議論は以下の順序で進みます。はじめに《読書会とはどのようなものか》を形式的に説明し（第2節）、そのうえでメンバー集めはどのように行なうか（第3節）、どのような本を選ぶか（第4節と第5節）、複数人で読むときに何を心がけるか（第6節）などの個別的な点を論じます。全体として読書会の「正攻法」のようなものを提示したいと考えています。

2　読書会開催の心構え

読書会はさまざまなやり方があり一般的な定義を与えるのは容易ではありません。とはいえ、《よくあるタイプはこれこれこれだ》という特徴づけは可能ですので、はじめにそれを箇条書きしておきます。読書会などまったく未体験のひとも多いでしょうから、そうした方が雰囲気をつかむために「とっかかりとなる」特徴を挙げます。

・一冊の本（あるいは一本の論文など）を決めてそれを複数人で読む。
・人数は二人以上。私が参加したことのある集まりは二人から十数人。
・定期的に行なわれることが多い。週一（曜日と開始時刻を定めて行なう）が最もスタンダードなやり方かと思われる。とはいえ毎回日程調整するスタイルもある。
・予習をしてくるやり方と、ぶっつけ本番で読むやり方とがある。
・人数が多い集まりの場合（五、六人以上）には、リーダー的な人間がいるほうが便利。
・一冊の本（あるいは一本の論文など）を読み終わると、続けて同じメンバーで別のものを読む集まりも多い。

以上はあくまで「よくあるタイプ」以上のものではありません。とはいえ私が体験した読書会はだいたいこうした特徴を具えてきました。実例を挙げれば、数年前に「科学哲学」の基礎をおさらいするためサミール・オカーシャの『科学哲学』(岩波書店、二〇〇八年)を素材として、三人でインターネットのビデオ通話アプリ上で読書会を行なったことがあります。週末の夕方にコンピュータ上で「こんにちは」と顔を合わせ、ぶっつけ本番で読んでいく、というスタイル。ひとりが何段落かの内容を要約し、他のメンバーがそれを踏まえて追加の指摘を行なう、という感じで進行しました。週一で実施し、二カ月たたないうちに読みたい箇所はすべて読めた、と記憶しています。《複数人でひとつのものをどう読むのか》はあとで詳しく説明することにして、ここではさしあたり《読書会ってこんな営みなんだ》とイメージをつかんでおいてください。

読書会はどう行なえばよいのか——その説明に先んじて前提となる「心構え」のようなものに触れておきましょう。

「読書会をしよう!」というときに形にこだわる必要はありません。なぜなら〈複数人で本を読む〉というのはあくまで手段であって目的ではないからです。そして、読書会を行なうさいには、〈難しい本や論文を理解すること〉が目的なのだという点を忘れないことが大事です。たしかに複数の人間のあいだで行なわれるからこそ何かしらの「形」は必要になりますが、その形は目的達成のための便宜として臨機応変に変えていくことができます。そして読書会という集まりの究極の目標は、たったいま触れたように、〈読むこと〉です。より具体的には〈ひとりで読み解くのが難しい本の内容を他人の助けを借りながら理解すること〉です。

――これが心構え。加えて共同で行なわれる営みだからこそメンバー全員が目的を共有していることが大事です。例えば、読書会は決して〈他人の議論を論破して優越感を得る〉ということが目標となる場ではありませんし、あるいは誰かと個人的に仲良くなるための手段でもありません。もちろん読書会で出会った特定のひとと結果としてたまたま親密になることはあるでしょうが、それはこの営みの本来の機能ではありません。人間はどうも初心を忘れがちですので、折にふれて《書物の内容を理解することが目標なのだ》と再確認するのがよいと思います。

3　メンバー集めについて

本章の残りの箇所では《読書会はどう行なわれるのか》を説明しますが――もう一点だけ注意を述べれば――《多くの事柄が偶然に委ねられる》という点を押さえておいてください。例えばメンバーをどう集めるかは、おそらく最も難しいステップであり「うまいやり方」の紹介が期待されるでしょうが、これにかんして有益なアドバイスはありません。私が学部のとき開いた読書会は、講義で出会った人間と「やろうぜ」と決めたのですが、その人間が自分の友達を初期メンバーとして連れてきました。また、しばらく前にインターネット上で開くことが決まった読書会では、コンピュータ上で初の顔合わせをしたときにはほとんど知らない顔（一人だけ研究会で見たことのあるひとがいた）。主催者はツイッター上でメンバーを募ったようでした。要するに、メンバーの集め方に定石はない、ということ。どのような共同作業についても〈メンバー集め〉は頭を悩ませるステップですが、読書会においてもそれは同じなのです。

自分以外のひとがどんなふうに読書会を開いてきたかを見れば《いろいろな仕方でメンバ

ー集めは行なわれるのだなあ》と感じます。例えば哲学者の竹田青嗣《たけだせいじ》と西研《にしけん》は対談で次のように語り合う――

西　［……］最初に竹田さんと会ったのは高円寺ですよね。ぼくの同世代でまだ二十一、二歳の若いのが三人、団塊の世代で三十一、二歳の人たちが四人くらい、合わせて七人くらいで高円寺に四畳半のぼろっちいアパートを借りて読書会をやっていたのです。僕がそのメンバーと出会うそもそものきっかけになったのは、高田馬場に「寺子屋教室」というかなりきちんとした勉強会があって、そこで知り合ったんですね。といっても高円寺の集まりは、寺子屋教室とは直接には関係なく、勝手に自分たちで吉本隆明《よしもとたかあき》やヘーゲルの研究会をやっていたんですが。ヘーゲルは、その集まりのリーダー格だった小阪修平《こさかしゅうへい》氏がヘーゲルをぜひドイツ語で読もうというので始めたのです。そこに竹田さんがやって来たのが最初の出会いでした。

竹田　寺子屋教室では、たしか長谷川宏《はせがわひろし》さんや小阪修平さんたちもやっていましたね。

西　そうです。団塊の世代の人たちが、学生運動がポシャッちゃったあとに、これはやはり一からちゃんと考えなければならないというので、自分たちで集まっていわば自主運営

のカルチャーセンターをやっていたんですね。［……］（『よみがえれ、哲学』ＮＨＫブックス、二〇〇四年、一〇頁）

ここでは、ある勉強会で出会った七人（そこに西研が含まれる）が高円寺で読書会を開き、そこでドイツの哲学者ヘーゲルの本を読んでいると、そこに竹田青嗣が新メンバーとして加わった、と語られています。ちなみにこのふたりの哲学者はその後いっしょにいろいろな仕事をしていくのですが、そこから振り返ると、彼らの出会いの偶然性は注意を引きます。すなわち、もしたまたま竹田が西のいる読書会に参加しなかったら、ふたりのその後の仕事はなかったかもしれない、などと思ってしまうということ。――いずれにせよ、このように《読書会のメンバーがどう決まっていくか》は偶然次第のところがあります。だからこそ面白い、と言えるかもしれません。

その一方で、読書会がうまく実施されるために必ず心得ておかねばならない事柄もあります。すなわち、運に任せてはならず、きっちり自覚的に「引き締めるべき」点もある、ということ。それは（Ａ）《みんなで読むに値する本や論文を選ぶ》という点であり、（Ｂ）《文章は「内在的に」読まれるべきだ》という点です。以下、ひとつずつ説明していきましょう。

4　読むなら「古典」がおすすめ

まず（A）について。何を読むのか――これは思った以上に重要です。じっさい、面白い内容が提示されない本や非論理的で読めない本が対象になったりすると、参加者の意欲が削《そ》がれます。そしてこれは読書会が頓挫する原因のひとつです。だからこそ《何を読むのか》は慎重に決めねばなりません。

具体的には次のような選び方をしたとき失敗しやすいと言えます。

・何となく面白そうだから選ぶ。
・興味のあるテーマが論じられているから選ぶ。
・同じ著者の別の作品が面白かったから選ぶ。
・誰かが奨《すす》めていたから選ぶ。

もちろん、ひとりで読むのであれば、こうした選び方はそれほど問題を引き起こしません。

そして、自分だけで読むときにはいろいろと対象の幅を広げておくことも大事なので、いま挙げた本選びのやり方（すなわち自分の直感に頼ったりする選び方）はよい結果を生むこともあります。逆に、本選びに慎重になり過ぎると、いろいろなものに触れるチャンスを失うでしょう。「これはいい本だ」と自信をもって言えるためにはさまざまな書物に出会っている必要があるので、ひとりで読むさいの「行き当たりばったりの」乱読は必ずしも悪いものではありません。

とはいえ、読書会の対象となる本や論文を選ぶさいには、慎重さが重要になるのです。なぜなら〈複数人でひとつのことを行なう〉という営みにおいては各メンバーの責任が問題になってくるからです。具体的には、選んだ本がどのひとにとってもまったく勉強にならないときには、《いいかげんに本を選んだ》という点で選定者は責められることになります。ただし――念のための注意ですが――よい本を選ばねばならないと神経質になり過ぎるのもよくありません。重要なのは〈なるだけ慎重に選ぶこと〉であり、慎重を期したにもかかわらず結果としていまいちの本であったという場合（こうしたことも多々あります）、「まあ、仕方ない」と気を取り直して次に期待するのがよいでしょう。

では本選びのうまいやり方はあるのでしょうか。これについても定石はありませんが、

「はずれ」がめったにないと言えるやり方は各分野の古典を選ぶことです。以下、踏み込んで説明したいと思います。

「古典（classics）」は粗っぽく言えば〈ある分野の画期的な作品〉であり、決して大昔に書かれたものばかりではありません。例えば哲学の分野では、二〇〇〇年以上前に書かれた古代ギリシアのプラトンやアリストテレスの著作が古典のひとつですが、いまからわずか一〇〇年くらい前に公刊されたドイツの哲学者ハイデッガーの本も「現代の古典」とされることがあります。*こうなると古典の基準は何かが気になるでしょうが、それはひとつに《その分野を学ぶひとはみなそれを読まねばならない》と言えるかどうかです。じつに、哲学に取り組んでいると言えるためには、プラトンやアリストテレス、そしてハイデッガーを読んだことがある（あるいは少なくとも読む意志がある）必要があるのです。そしていわば「必読書」であるために、このひとたちの作品は哲学の古典とされるわけです。

＊「わずか一〇〇年くらい前」というのはおかしく感じられる表現かもしれませんが、学問によっては「一〇〇年前」が最近であることがあるのです。

みなさんが本を選ぶさいの目安となるかもしれませんので、パッと思いつく哲学の古典を挙げさせてください。例えば、プラトンの『国家』、アリストテレスの『形而上学《けいじじょうがく》』、アウグスティヌスの『告白』、トマス・アクィナスの『神学大全』、デカルトの『省察』、カントの『純粋理性批判』、ヘーゲルの『精神現象学』、ベルクソンの『創造的進化』、フッサールの『論理学研究』、ハイデッガーの『存在と時間』、ウィトゲンシュタインの『論理哲学論考』、あるいは日本へ目を向ければ、西田幾多郎《にしだきたろう》の『善の研究』、大森荘蔵《おおもりしょうぞう》の『物と心』など。ちなみに哲学以外の分野であれば――専門外なので大まかなことしか言えませんが――日本古典文学に取り組むひとにとっては『源氏物語』が古典でしょうし、社会学をまなぶひとはマックス・ウェーバーのいくつかの著作を古典として読むはずです。また理系の学生であっても、それぞれの分野に「現代の古典」はあるでしょうから、それを複数人で読みながら議論することはいろいろな発見につながるにちがいありません。

　読書会の本は古典から選べば「はずれ」がめったにない――これが本節で言いたいことですが、なぜそう言えるかの理由は《古典はこれまでたくさんのひとの検討をくぐり抜けてきた作品だ》という点に存します。じつに「古典」とは、先人によって繰り返し吟味されてなおかつ現在「これは重要だ」という評価を得るに至っている作品です。言ってみれば、時の試練を耐え抜いた著作だ、ということ。こうなるとやはりここ数年の話題書を読むよりも、古典を読むほうが、多くものが得られそうな気がします。じっさい古典的な作品については、もし十分に理解することができたならば、《時間の無駄だった》と悔やまれることはほぼありえません。

　とはいえその一方で、どのテクストが「古典」なのかは決して絶対的に定まったものではない、という点も知っておく必要があります。例えば先ほど私は大森荘蔵の『物と心』を哲学の古典として挙げましたが、これは意見を異にするひとがいるはずです。あるいは例えば、業界では○○が「古典」とされていたが、後にそれはその座を失う、ということも十分にありえます。けっきょく《これまでたくさんの人の検討をくぐり抜けてきた》という事実は必ずしも同じ作品が今後も「古典」であり続けることを保証しません。「古典」という地位のこうした不安定さを知っておけば、世間や業界が「古典」と認めるものを鵜《う》呑《の》みにするなどの短絡を避けることができるでしょう。

　いったんまとめれば以下のようになります。

　たしかに初学者は世間の評判などを基準に《何が古典か》を判断せざるをえません（それゆえみなさんの多くも初めのうちはそれでよいのです）。とはいえ、《何が古典か》が客観的に定まるものでない以上、勉強の途上において、これを自分で判断するセンスを洗練させる必要もあります。すなわち、《これはみんなに読まれるべきだ》という判定を自分で行なうことができる感性を鍛える、ということ。各々の作品にかんして《これは古典の名に値するか》を自分の頭で考えられる――この境地を目指すのが古典との正しい付き合い方だと思います。

ところで〈古典を読むこと〉にかんしては少なくともひとつ追加で述べておくべきことがあります。節を変えて説明させてください。

5　読書会参加前の準備

前節で、読書会において古典を読むことは「はずれ」がめったにない、と言われました。とはいえ――ここで必ずや押さえるべき点ですが――ほとんどの古典は簡単には読み解くことができません。それを読解するにはそれなりの前提知識が必要になります。それゆえ、読書会で特定の分野の古典的作品を取り上げるのはたいへん意義のあることですが、そのさい準備を怠るわけにはいきません。たしかに世の中には、何かしらの古典をいきなり読んでただちにポイントがつかめた、と語るひともいますが、大半の人間は《こうしたケースは例外だ》と考えたほうがよいでしょう。押さえるべきは次。すなわち、読書会で古典を取り上げるさいにはそれなりの準備が必要だ、と。

読書会の心得：古典はそう簡単には読めない。それゆえ読む前の準備が肝心である。

ところで準備はどう行なえばよいのでしょうか。これについてもいろいろなやり方がありますが、ひとつには、いわゆる「新書」が役立ちます。《新書とは何か》を知るには本屋の新書コーナーに行くのがベストですが、ここでは次の事実を押さえておいてください。それは、日本においてはいろいろな分野への入門的な本が「新書」というかたちで出版されている、という事実です。いや、この話は釈迦《しゃか》に説法かもしれません。なぜなら、みなさんがいま読んでいる本は「ちくまプリマー新書」の一冊であり、若者向けのいろいろな入門書を公刊しているレーベルだからです。いずれにせよ、古典を読むさいの準備に、新書は役立ちます。私自身を振り返っても、かなりお世話になってきました。

例えば読書会でハイデッガーの『存在と時間』を読むとしましょう。繰り返しになりますが、いきなり開催するのは禁物です（十中八九ちんぷんかんぷんに陥ります）。少なくともメインのメンバーたちは、準備として、関連する新書を二冊ほど読んでおくのがよいと思われます。私が若いころであれば木田元《きだげん》『ハイデガーの思想』（岩波新書、一九九三年）が定番でしたが、より最近では細川亮一《ほそかわりょういち》『ハイデガー入門』（ちくま新書、二〇〇一年）、さらには轟《とどろき》孝夫《たかお》『ハイデガー『存在と時間』入門』（講談社現代新書、二〇一七年）などが公刊されています。こうした新書を読むことによって《ハイデッガーはどのような位置づけの哲学者なのか》や《どんな文脈で『存在と時間』は書かれたのか》などの一般的知識を得ることができる——そしてそれが本を読み進めるさいに役立つのです。もちろん新書以外にも便利な手段はあるでしょうが、いずれにせよ《古典を読むさいには準備は不可欠だ》という点は心に刻み込んでおいてください。

念のため、準備のさいに専門書（あるいは新書以外の本格的な本）を読む必要はない、という点は明示的に述べておきたいと思います。意欲のあるひとは古典的な作品を読もうとするさいに、あらかじめそれにかんする専門書を通読しておこうとするかもしれません。とはいえこれは「落とし穴」だと言わざるをえません。なぜなら専門的な本も準備なしには読めないからです。例えば、『存在と時間』にかんする専門書を読むのであれば、その前にある程度この古典のほうを読んでおく必要があります。一般に、ひとつの古典について詳しく知りたいのであれば読む順序は基本的に「新書→古典の原典→専門書」となるでしょう。じっさいには、専門書を読んだ後でもう一度原典を読めば理解がいっそう深まる、などの「行ったり来たり」もあるのですが、いま述べた順序が基本だという点は知っておく必要があります。

6　「空中戦」にならないために

では（B）へ進みますが、これは（A）の話へ「ひねり」を加えるものです。

前節で、古典を読むさいには新書などで準備をする必要がある、と指摘されました。しかしながら、集まりでじっさいに原典を読み進めているさいには、〈新書で予習してきたことをテクスト〉に押しつけてはなりません。なぜならそれでは「読んでいること」にならないから。むしろ文章を読むとは、本書の「原理編」で指摘したように、その内部に入り込んで行ったり来たりしていわば「テクストの内部から」内容を引き出してくることです。このタイプの読み方は「内在的な読解」と呼ばれうるものですが、以下、こうした読み方の重要性を説明していきたい。

「内在的な読解」とは、例えば次の西研の発言が竹田青嗣に帰すところの「肝心のテキストをちゃんと読む」という読み方です。

西　［……］近代哲学をやる場合にはまずはデカルトの『方法序説』とか『省察』ぐらいから始めるのが普通だと思うけれど、アカデミックな感覚で言うと、それを一つ読むにも山ほど研究文献があるわけですね。それらを踏まえなくちゃいけないとぼくは思っていた。たとえば所雄章《ところたけふみ》さんの『デカルト』（勁草書房、一九九六年）という本を読んでみると、デカルトには中世スコラ哲学からつながっているものがじつはたくさんある、なんてことも書いてある。そういうのをきちんと踏まえたり、一字一句を細かく読むのが学問的な正確な読みだという頭があったんですね。でも竹田さんの読みは違う。副次的な文献をあれこれ読むよりも、まず肝心のテキストをちゃんと読む。かつ、デカルトはどういうモチーフで、何を言おうとして書いているのかという、そこをちゃんと読もう、そこさえ読めればいいのだ、というふうなのです。（『よみがえれ、哲学』、一四―一五頁）

ここで西は、竹田が（参考文献で得た知識をあれこれ持ち出すのではなく）文章それ自体を読むよう努めていた、と述べています。この「文章それ自体を読む」という姿勢の重要性は、いくら強調してもし過ぎることはありません。なぜなら、文章それ自体が読まれずにいわゆる「空中戦」が生じる、というのが読書会の停滞あるいは頓挫する原因のひとつだからです。

ところで「空中戦」とは何でしょうか。

具体的に説明します。まず大森荘蔵の『物と心』に収録される論文のひとつ「ロボットと意識」の次の冒頭部を読んでください。

ロボットには意識があるのだろうか。この疑問は、月には水があるのだろうかとか、ミミズにも心臓があるのだろうかとかいう疑問とは根本的に違っている。というのは、水のあるなし、心臓のあるなしを判定する方法があるのに対し、意識のあるなしをどうしてきめるのか、そのきめ方がきまっていないのである。もし、意識のあるなしを判定する方法が通常の科学的手順で与えられているのならば事は簡単で、このような疑問にはとっくに答えが得られているはずである。たとえば、ある性質をもつ脳波のあるなしで意識の存否をきめるのであるのならば、電子部品からつくられたロボットは検査をするまでもなく意識をもたない。「脳」波がないからである。そのときもし、「脳」の定義を拡張してある種の回路も脳と呼ぶのならば、その「脳」を脳波検査器にかければよい。要求どおりの「脳波」があればそのロボットには意識があるのだし、なければ意識がないのである。だが、問題はそのような手軽な判定方法に満足できないことから出てくる。たまたま、われわれ人間が生きているときには脳波があるが、「意識」は脳波などとはまったく違う、少なくとも脳波などでは尽くされない何ものかである、こういう感じから問題が出てきているのである。(『物と心』ちくま学芸文庫、二〇一五年、二二五―二二六頁)

ここで大森は、「ロボットに意識はあるのか」という問いは「月に水はあるか」や「ミミズに心臓はあるか」などの問いと種類が異なる、と主張しています。その根拠は、一方で水などの物質あるいは心臓などの物質から成る器官には《それがあるかないか》を判定する基準があるが、他方で意識――これは物質とは異なると思われる――にかんしてはそもそも《それがあるかないか》を判定する基準が定まっていない、という事実です。例えば引用で大森は《一定の脳波の有無が意識の存在の基準になるか》と検討していますが、彼によると、それはどうも満足いく判定法たりえない。なぜなら、引用の最後で指摘されるように、意識の現れは脳波の存在とまったく異なるように感じられるからです。

――以上のように文章それ自体から内容を引き出すのが「内在的な読解」です。とはいえ、ここからが本題ですが、大森の先の文章にたいして次のようなことを言うひとがいるかもしれません。「この箇所は永井均の〈私〉の話とどう関係してるんでしょうね、永井は意識の存在の基準があると考えるのかな?」たしかにこうした問いかけは生産的な議論につながることもありますが、それでも〈文章それ自体を読む〉という作業からは逸《そ》れています。そして《永井がどう考えているか》は大森のテクストを読むだけでは決着がつかないので、それを論じても「水掛け論」に陥りかねません。読書会においてテクストとは独立の問題で侃々《かんかん》諤々《がくがく》の討論になることが「空中戦」と呼ばれるのですが（文章それ自体から離れてしまっているからです）、この事態は不毛であるので避けるよう努めたほうがよい。そして空中戦に陥らないために大事な姿勢が〈テクストそれ自体を読む〉というものなのです。

同じことが参考書で得た知識などについても言えます。例えば大森荘蔵にかんする解説書には「重ね描き」や「立ち現われ」などの大森用語が紹介されており、引用した箇所へこうした概念を当てはめたくなるひともいるかもしれませんが、それも〈テクストそれ自体を読む〉という本道から離れることにつながりかねません。読書会において重要なのは、他所で得た知識を安易に用いるのではなく、目の前の文章から論理の流れを取り出すことです。例えば先の引用にかんして、大森は「ロボットに意識はあるのか」という問いが「月に水はあるか」や「ミミズに心臓はあるか」などの問いとは種類が異なると主張している、という核心さえつかめればそれで十分であり、わざわざ参考書の知識を使用する必要はないのです。

さて、本章の話を総合すると、〈読書会で古典を読むこと〉は微妙なバランスをとることが重要になる作業だとわかります。一方で、（A）で言われたように、古典を読むさいには新書などで準備をすることが必要です。他方で、（B）で述べるように、読書会においては〈テクストそれ自体を読む〉という姿勢が大事になります——それゆえ新書で得た知識をやたらめったら持ち出すことはできません。それゆえ例えば複数人で『存在と時間』を読むときには、木田元の新書『ハイデガーの思想』などを補助線としながらも、眼前のテクストの内部から理路を引き出すよう努めねばならないのです。

けっきょく、読書会という営みにかんしても、「必勝法」と呼びうるものはありません。すなわち、《どの本を選べばよいか》にかんしても確実な方法はなく、手堅く古典的な作品を選んで読む場合にも、〈新書の補助〉と〈テクスト自体と向き合うこと〉とのあいだで微妙なバランスをとらねばなりません。とはいえ、本章で示したように、ここでも「正攻法」と呼べるものはあります。それは、ひとつには、いまのところ時の試練を耐え抜いている古典をひとつ選び、それなりの準備（新書を二冊ほど読むこと）をしたうえで、それを内在的に読解するというやり方です。私もこれまで多くの読書会でそれを実践してきました。次章では私の読書会の経験にもとづく物語を提示したいと思います。

コラム

古典の重要性にかんする「踏み込んだ」説明

本章の第4節で、古典は「はずれ」がない、と述べられました。他方で《そもそもなぜ古典は大事なのか》についてはさらに踏み込んだ説明を知っているほうがよいと言えます。例えばなぜハイデッガーの『存在と時間』が「古典」と見なされるかと言えば、第一には、内容が画期的だったからでありそれが深遠であるからです。じっさい、仮にこの本の内容が平板で薄っぺらいものであったとしたら、それは「古典」として認められていなかったでしょう。ただし、後世の読者にとっては、一冊の古典の価値は内容の独自性や深さに尽きません。それに加えて〈みんながこの作品を読んできたという歴史〉もまたその重要性の一部を為《な》すのです。

具体的に説明しましょう。ハイデッガーの『存在と時間』は一九二七年に出版されましたが、それ以降、多くのひとがこの作品を読んだうえでそれぞれの書物を生み出しました。例えばドイツの哲学者のガーダマーやフランスの哲学者のデリダ、人工知能の哲学的研究を行なうドレイファス、日本では九鬼周造などが『存在と時間』に言及しながらそれぞれの議論を提示します。こうなると、いったん『存在と時間』を読み解けば、哲学の分野において読むことのできるテクストが爆発的に増えます。これが《なぜ古典は重要か》の一歩踏み込んだ理由です。要するに、ある分野のいろいろなテクストを読んでいきたいのであれば、さまざまな支流を生み出すところの源泉たる最重要の古典を読めばよい、ということ。ハイデッガーの『存在と時間』以外には、デカルトの『省察』やカントの『純粋理性批判』（そして第4節で列挙したもの）がこうした「源泉的」テクストです。

もちろん「古典」と見なされていない本や論文を対象とする読書会もうまくやれば有意義なものになります。それゆえ以上の指摘は、読書会では古典を取り上げねばならない、という制約を述べるものと捉えられてはなりません。とはいえ――敢《あ》えて軽い表現を用いれば――古典を読むことはとても「効率のよい」勉強法だという点は強調しておきたい。なぜならこうした作品を読むことは、しっかり取り組む場合には、ほぼ確実に〈一挙に視野を広げる〉という結果をもたらすからです。

第九章　読書会をやってみよう

1　名著『物と心』を読む

前章から「実践編」として《読書会をどう行なうか》を論じています。そこでは、確実に深い学びへ至るような必勝法はないが、何かしらの正攻法はある、と指摘されました。おそらく読書会の正攻法は複数あるでしょうが、前章で提示したものの要点を列挙すれば以下のようになります。

・読む対象としては、時の試練を耐え抜いた古典を選ぶ。
・新書を読むなどの準備をする。
・内在的な読解に努め、空中戦を避ける。

本章では、以上を踏まえて、じっさいに読書会が行なわれている様子を見てみましょう。前章がどちらかと言うと「原理的な」説明に力点を置いたので、以下は具体的な事例を提示したい。私はかつて大森荘蔵《おおもりしょうぞう》の『物と心』に収められた論文をいくつか読む集まりに参加したことがありますが、その経験を踏まえて、《読書会はどう行なわれるか》を物語ってみたいと思います。

本題へ進むに先立ち、大森荘蔵という哲学者を紹介させてください。このひとは現代の日本哲学のキーパーソンであるからです。

大森は一九二一年生まれ。はじめ物理学をまなぶも、終戦後には哲学を専攻し、東京大学で哲学の教師をつとめます。そしてそこで次世代を担う哲学者たちを輩出しました。本書で言及したひとの中では、野矢茂樹《のやしげき》と中島義道《なかじまよしみち》が大森の弟子筋であり、永井均《ながいひとし》もこのひとの読書会や研究会に参加したことがあるはず。その一方でこの哲学者は、ときに「大森哲学」と呼ばれる独自の哲学を展開したりもしています。これは例えば物理主義――すなわち感覚や思考などの心にかかわるものを物体の法則などで説明し尽くそうとする立場――への批判などを含み、いまなお振り返って学ぶところが多いと言えます。

大森荘蔵はとても哲学書らしい著作をたくさん公刊しました。ここで「哲学書らしい」というのは、内的に完結した理屈で書かれていて、（じっくり考える意欲さえあれば）予備知識がそれほどなくても読むことができる、ということです。この意味で、大森の本はどれも読書会向きだ、と言えるかもしれません。その代表作のひとつが以下で取り上げる『物と心』です。ちなみに野矢茂樹の初めての著作は『心と他者』という題名をもちますが、これは大森へのオマージュ（すなわち似せたりすることで既存の作品への敬意を表現すること）かな、と思ったりします。

本章で行なわれるのは、私自身の経験を昇華させながら、大森の『物と心』を読む架空の集まりの一場面を描くことです。それによって読書会の雰囲気を伝えると同時に、（とくに未経験のひとにたいして）「自分もやってみたいな」と感じていただけたらと思います。途中で補足説明を挟みますが、それによって《読書会において何が気にされる必要があるのか》を指摘したいと思います。

2　とある読書会の架空レポ

以下の対話はAさんがオーガナイズした集まりの一コマ。哲学を専門に学ぶAさんが友人のCさんに「一緒に何か読まないか」と持ち掛けたところ、大森荘蔵の『物と心』を読むことにきまりました。そこに後輩のBさん、そして専門外のDさんとEさんが加わり、総勢五名の読書会。もう少し大勢の集まりもしばしば行なわれますが、これはこれでありがちな規模です。

A　では『物と心』を読む会の第二回を始めましょう。はじめにこれまでにやったことを振り返ります。前回は一回目だったので、野矢茂樹の『大森荘蔵――哲学の見本』*を参考にしながら、わたしが《大森ってどんな哲学者か》をみなさんに紹介しました。

＊　講談社、二〇〇七年。この本は新書ではないのですが、定価も一三〇〇円であり、大森入門としてはちょうどよい作品です。――このように新書が見当たらないときは、叢書《そうしょ》やソフトカバーの単行本で代用するのがよいでしょう。

野矢さんによると、大森は〈私たちが直接経験するもの〉と〈それを超えたもの〉の関係に並々ならぬ関心を注いだ哲学者です。彼は例えば「他人の心」をめぐる問題を論じました。他人の心って、机や椅子のように、目の前にドンと置かれているわけではないですよね。したがって、例えば《この部屋に机と椅子はあるか》という問いは答えようがありますが（部屋の隅々まで調べてみればよい〉、それにたいして《あのひとに心は宿ってるのか》という問いはそもそも答え方がよくわからない。ポイントは、他人の心が〈私が直接経験できるもの〉の範囲を超えている、という事実です。そしてこうなると《そもそも他人に心があるとはどういうことか》が気になってきます。

さて野矢さんは、慣例にしたがって、大森哲学を「前期」・「中期」・「後期」と分けます。形式的に言えば、「前期」で大森は「重ね描き」の考え方を提示し、「中期」においていわゆる「立ち現われ一元論」へ向かっていき、「後期」では例えば「語り存在」という概念を創出して他人の心の問題などを一掃しようと企てた――このようにひとことで「大森哲学」と言っても時期によって行なわれることは変わってきます。わたしたちの読書会では、この集まりで読むところの『物と心』は中期の作品だ、という点を押さえておけばよいでしょう。大森の歩み全体の、だいたい真ん中の時期の作品だ、ということです。

B　前期・中期・後期を通して変わらない側面もあった、って言われていましたよね。「現場主義」でしたっけ？

A　そうでした。えーと、（野矢茂樹の本をパラパラとめくり）ありました、読みますね。「大森は一貫して、自分が生きているその現場に立ち（現場主義）、その現場をけっして離れることなく、しかしその生の現場を超越しているように思われるものをどう捉えればよいのかを考え続けた」（八九頁）。ここでの「現場」は、先ほど述べた〈私たちが直接経験するもの〉にかかわっていると理解できますね。そして他人の心はこうした「現場」を超えたところにあるように思われます。ではそれをどう理解するか。こうした問題をあくまで「現場」から離れずに解決すること、これが大森の一貫した姿勢である「現場主義」でした。

C　となるとわれわれの読書会でも両方の面を気にするのがよいだろうね。ここで「両方の面」というのは、大森が前期・中期・後期と変化していく面と、それでも変わらない面のこと。われわれは『物と心』という中期の作品を読むのだから、《そこで語られるのは中期の考え方だ》という点はつねに気にしておく必要がある。とはいえ同時に大森の変わらぬ姿勢を見てとるのも大事。〈変化の中に不変のものを捉える〉というのがひとりの哲学者の歩みを理解するさいの正攻法だと思います。

B　「両方の面を見るのが大事」って、山口尚さんとかが言いそう。

C　たしかにそうだね。このまえ『哲学トレーニングブック』（平凡社、二〇二〇年）を読んだんだけど、知らず知らずのうちに影響を受けていたのかもしれない。

A　山口さんも大森荘蔵がけっこう好きそうな感じがします。さて、もう少しこちらで続けさせてください。前回は、はじめに野矢さんの解説を参考に《大森はどんな哲学者か》を確認し、その後で《どこから読み始めるのか》を相談しました。ちょっとおさらいしておきましょう。

前回も言ったように、『物と心』は論文集なので、基本的に好きなところから読み始めることができます。わたしがザっと目を通したところ、第2章の「科学の罠《わな》」か第5章の「ロボットと意識」が最初に読むのにちょうどよいと感じられましたが、みんなに相談すると、けっきょく後者がよいということで一致しました。残った時間でその論文の冒頭部を読んだので、内容を確認しておきます。

冒頭は「ロボットに意識はあるのか」という問いが「月に水はあるか」や「ミミズに心臓はあるか」などの問いとは種類が異なると指摘していました。その根拠は、水や心臓などは《それがあるかないか》を判定する基準があるが、意識については《それがあるかないか》を判定する基準が定まっていない、という点です。となると、そもそも「意識が存在する」などの言葉は何を述べているのか、などの問題が生じますが、こうした問題に取り組むのがこれから読んでいく論文です。

B （ちょっとふざけた感じで）この論文は永井均の〈私〉論とどんな関係にあるって先週言

われましたっけ？

A　そういえばそんな話もしました。もちろん何か関連しているかもしれませんし、一定の関係性を見出《みいだ》す議論も組み立てることができるかもしれませんが、この読書会の関心からはちょっと逸《そ》れますね。Bさんはわかったうえで尋ねていると思いますので、答えは以上で十分でしょう。とりあえずさっそく読み進めてしまうのがよいと思います。ではBさん、切りのいいところまで読んで、内容をまとめてください。

B　はい、一二六頁のひとつめの段落が変わったところからでしたね。

いま、非常によくできたロボットを想像してみよう。ほぼ人の形と動作に近く。口もきけば笑いもする。応答もまず人なみ、はにかみもすればおこりもする。大学にもなんとか受かって喜びもする。ただその内臓と神経組織は人とは似ても似つかぬ構造で、ある設計図に従って組み立てられたものである。つまり、このロボットは人間とほぼ似た「意識ありげな」振舞いをするが、そのからくりは人間とはまったく異なっている。こういうときにさきの疑問が発せられる。意識ありげな振る舞いをするが、はたしてほんとうに意識があるのか、と。この疑問の核心は、この「ほんとうに意識がある」ということで何を意味してよいのかが定かでないところにある。したがって、問題は、「意識がある」とはいったいどういうことなのか、ということになる。

一段落終わったのでここで止めますね。で、内容をあらためてまとめると……。ちょっと考えるので、数秒待ってください。

（二〇秒後）ここは冒頭部で一般的に述べられたことを具体的に敷衍《ふえん》する箇所だと思います。すなわち、外から見れば人間とまったく変わらないロボットのことを考えてみれば、「ロボットに意識はあるのか」という問いが他のものとだいぶ異なるのがわかる、ということ。ちがいますか？

C　それもあるだろうけど、もう一歩踏み込んだことが言われているかな。いま読んだ箇所で大森は問題の核心へ迫ろうとしている、という感じ。注目すべきは後半の「何を意味してよいのか定かでない」という部分。ここが大事だと思う。ちょっと長くなるかもしれないけど私なりに説明してみていいですか。（一同うなずく）

いまBくんが読んだ箇所で大森は外見的には人間と区別のつかないロボットの話をしています。それはまさに人間の外面をもち、それがロボットだと知らないひとが見るならば《あれは意識のある人間だ》と考えるほど。とはいえそうしたひとも、その内部が機械仕掛けであることを知れば、「あれはほんとうのところ意識をもつのだろうか」と考えてしまう。ここまではみなが認めるべき事態であり、大森自身もこれを「仮にこうしたロボットがいたとしたら、こんな感じになるよね」と提示している。

さて、ここからが重要なんだけど、大森は「あれはほんとうのところ意識をもつのか」という問いそのものに注意を向ける。われわれはこうした疑問を自然なものと見なす。これはじっさいそうですよね。人間の姿をして人間のように振る舞っていたものが、じつは中身が機械だと判明したとき、われわれはその意識の存在を疑う。とはいえこの問いに含まれる「ほんとうのところ意識をもつ」や「ほんとうに意識をもつ」ってフレーズはそもそも何を意味しているのだろうか。意識があることの根本的な基準は何なのだろうか。大森は、われわれがこれをわかっていない、という事実へ目を向けさせる。それゆえわれわれがまずもって考えるべきは、「意識をもつ」という言葉がどういう意味で使われているか、であることになる。

こんな具合に〈考えるべき問いを限定すること〉が、いま読んだところで大森がやっていることじゃないかな。要するに、「意識がある」などの言葉の意味が核心の問題であって、ここを考え抜かない限り《ロボットに意識はあるか》と問うたとしても無駄だ、ということ。

A　たしかにそうですね。Cさんの言うように、大森はここで言葉の意味こそが問題になる、と指摘しているように思われます。すなわち、じっさいにロボットに意識があるのかを問う前に、そもそも「意識がある」という言葉の意味を問わねばならないと述べているわけです。

D　とりあえず「意識」の意味を何かしらひとつの仕方で定義して、その定義がうまくいっているかを実験などで確かめる、というやり方ではダメなんですか。

C　その場合も、定義がうまくいっているか確かめる段階で、恣意的に定義されたわけでない「意識」という語を使わねばならないでしょう。

D　うーん。言葉ってそもそもいろいろな意味で使えてしまうので、定義とは無関係に「意識がある」という言葉の意味は何かなどを考えても、生産的でないように思えるんです。ここで大森は「意識」という語を定義しようとしているわけではないですよね。でも、どこかで定義を行なわない限り、えんえんと言葉の意味が曖昧なまま話が進んでしまう気がするんですが……。

A　はい、たぶんDさんの懸念はかなり根本的なもので、いろいろ考えてみる価値はあると思います。疑問点は要するに、定義という道を経由せずに「意識がある」などの表現の意味を問うことは意味があるのか、というものですね。とりあえず大森がじっさいにどう論じていくかを見たうえで考察すればよい問題だと思います。というわけで、Dさん、あるていど進むまでお待ちいただけますか。「大森のお手並みを拝見してやろう」という気持ちで読んでいけばよいと思います。

D　わかりました。

3　読書会にはリーダー役が必要

――読書会はまだ続きますが、このあたりで解説をはさもうと思います。

いま見ているのは大森荘蔵の『物と心』を読んでいく集まりの第二回ですが、まず注目すべきは、Aさんが冒頭で前回のおさらいをした、という点です。こうしたつなぎの作業は何かしらの形で必要だ、という事実は覚えておいてください。なぜならこうした作業によってメンバーのそれぞれの心が〈共通の話題について考えるぞ〉というモードに切り替わるからです。このステップをとばしてしまえば、テクストを読み始めたとしても「散漫な」感じになります。

次に目を向けるべきは、Aさんが「リーダー役」のようなものを引き受けている、という点です。前章でも触れましたが、メンバーの数があるていど以上になると（正確には言えませんが五、六人以上でしょうか）、誰かしらリーダー的な存在がいたほうがよい。なぜなら、読書会に限らないことですが、もし〈このひとの決定にはとりあえず従う〉という人物が不在のまま複数人でひとつのことを行なうならば、何かしらの意見が分かれたときににっちもさっちもいかなくなるからです。いま見ている読書会では、Aさんがそうした立場にあり、例えば進行役を担っています。一般に、リーダーは他のメンバーよりも何かしら負担が重く、さらに自制が必要であって、誰もが向いているわけではないでしょうが、それでも人数の多い集まりでは必要な存在なのです。

第三に注目すべきは、Aさんのほかにテクストを内在的に読む意欲のあるCさんがおり、このひとができるだけ深い理解を実現しようと努めている、という点です。例えばBさんが大森の文章を読んでその内容をまとめた後、Cさんは自分が不足と考えるところを補うような敷衍を行ないました。読書会には、リーダー役のほかに、（望ましいのは何人かの）少し詳しくて意欲にあふれた人間がいるのが便利です。というのも、こうしたひとがいるときには、リーダーは進行役などに徹することができるからです。

では読書会の続きを見ていきましょう。

4　とある読書会の架空レポ——つづき

A　まだ始まったばかりですので、個別の疑問に長い時間ひっかかるよりも、とりあえずは進んだほうがいいと思います。次はCさんですね。

C　はい、では短い一段落をサッと読んでしまいます。

ここに、この問題と並行的に、そしてこの問題に示唆を与えると思われるいま一つの問いを立ててみよう。すなわち、このロボットは「生きている」か、という問いである。このロボットは文句なく「生き身の」振舞いをするが、「ほんとうに命がある」のか、という問いである。ここでも、この問いの核心は「生きている」ということで何を意味するか、である。ビールスは「生きている」か、すなわち、ビールスは生物か、というよく知られた問いもこれとまったく同じ根をもっていることは明らかであろう。（一二六—一二七頁）

ここで大森は、「ロボットに意識はあるのか」という問いを考える手掛りとして、よりとっつきやすい「ロボットは生きているか」という問いを考えてみよう、と提案していると理解できます。そして大森によると後者の問いにかんしても問題の核心は表現の意味にある。すなわち「生きている」で何が意味されているかが問題だということ。「ビールス」というのは最近の言い方では「ウィルス」だね。《ウィルスは生物であるか、すなわち生きているか》は面白い問題だが、大森によると、これも究極的にはここで「生きている」が何を意味するかに帰着する。この意味で、「ロボットは生きているか」という問いと「ウィルスは生きているか」という問いは同じ核心を共有する問題だ、と言える。だいたい以上です。

B　いまCさんが読んでくださった箇所は最後の文が難しいですね。「ビールスは「生きている」か、すなわち、ビールスは生物か、というよく知られた問いもこれとまったく同じ根をもっていることは明らかであろう」というのはどういう意味なんでしょうか。

C　もう少し詳しく説明したほうがよかったかな。

とりあえず事実問題として《ウィルスは生物と見なされるべきか》という問いは現実に存在しますよね。ウィルスは例えば細菌と同じく自己複製するので、この点で「生物」と言ってよさそうな気もしてくるが、「身体」の構造がちがっていて「生物だ」と言い切るのは難しい。例えば、細菌の感染には抗生物質が効くけれど、ウィルスには効かなかったりするでしょう。というわけで「ウィルスは生きているのか」というのは少なくとも今のところ存在する問題である。

　さてさきほど読んだところの最後の文は、「ウィルスは生きているか」という問いの核心は「生きている」という語がどのような意味で用いられるかにあり、これは「ロボットに意識はあるのか」という問いの核心が「意識がある」などの語がどんな意味で用いられるかにあるのと同じであり、この意味でふたつの問いは同根だ、と述べているんだ。すなわち、最後の文の「同じ根をもっている」とは、問題の発生源が同じだということ。どちらの問いも表現の意味が問われている——というのが大森の指摘。

A　そうですね。ここで大森は、「ロボットに意識はあるのか」を考えるに先立って同根の問いである「ウィルスは生きているか」を考えてみる、という道をとります。おそらく、先に後者を考察しておいたほうが前者もやりやすくなる、と考えたからでしょう。というわけで話はいったん「生命」の話に移ります。DさんとEさんもいまのところ問題ないですね。

（ふたりともうなずく）では、Dさん、続きを読んでください。

D　はい。

さて、生物を生物たらしめているのは、生物がたとえばエンテレヒーだとか命の素《もと》だとかをもっているためではあるまい。そのようなものは存在しない。それらの存在を確かめる手段が提出できないからである。では、生きている猫と死んだ猫とを区別するものはなんだろうか。もちろん無数にあろう。心臓の動き、神経のパルス、物質代謝、体温、四肢の動き、呼吸等々。これら無数の現象の総体が、生きた猫と猫の死骸とを区別する。とすれば、猫の生死を分かつものもこれら無数の現象の総体という以外にはない。もちろん、これらの現象は相互に密接に関連しており、その一部が変化すればすべてがその影響をこうむる。なかんずく、たとえば心臓がとまれば通常は他の現象もとまる。そこで、生死の分別の通常の指標として心臓の動きをとることができる。しかし、それはあくまでいちおうの指標としてであって（脳波による脳死の判定もまたいちおうの指標である）、生死を区別するのは現象の全体なのである。心臓をとめても人工心肺で血流を維持されている猫はやはり「生きて」いるといわなければなるまい。（一二七頁、傍点強調は原著者による）

……「エンテレヒー」って何ですか？

Ａ　あ、これは何の用語かな？

Ｃ　いずれにせよ古い用語でしょう。

Ａ　そう、生命にかんするちょっと昔の研究で、生命の原理とされた怪しげな概念。

Ｂ　ググって*みたんですが、「生気論」の概念みたいですね。

＊　読書会中にインターネットで何かを検索することは決して悪いことではない。ただし情報が信頼できるかどうかなどはつねに気を配る必要がある。

Ａ　あー、そんなのありましたね。いますぐに細かなことは言えませんが、いずれにせよ生命を形づくる力のようなものが「エンテレヒー」。そしていまＤさんが読んだ箇所において、大森は現代科学の知見に依拠して《エンテレヒーなんて存在しない》と指摘しているわけです。じっさい生物の身体のどこをさぐっても物理‐化学的な種類の物質と力しか見出されませんので。

Ｄ　ありがとうございます。いまの話でだいぶわかりました。

　大森が言っているのは、エンテレヒーのように〈これがあればただちに「生きていること」になる〉という条件など存在しないので、あるものが生きているかどうかを判定するにはその全体を見ないわけにはいかない、ということ。本文で言うと「心臓の動き、神経のパルス、物質代謝、体温、四肢の動き、呼吸等々」の「無数の現象の総体が、生きた猫と猫の死骸とを区別」します。押さえるべきは、これら個々の要素のどれかひとつだけで生きているかどうかが決まることはない、という点ですね。

B　こういうタイプの考え方は何て言うんでしたっけ？

D　「こういうタイプ」というと？

B　なんか、ほら、全体こそが大事だ、っていう……。

A　Bさんが言いたいのは「全体論」のことかな。（Bは「そうそう」という顔をしてうなずく）たしかにDさんがいま読んでくださった箇所には全体論的な考え方が現れていると言えそうですね。ただし「全体論」って言ってもいろいろあるでしょうから、そのつど具体的に何が言われているかを押さえることが肝心です。いまの箇所では、Dさんがまとめられたとおり、あるものが生きているかどうかは、何かひとつの要素で決まるのではなく、むしろ全体によってだ、ということ。

B　どうでもよい話ですが、この読書会に参加しているひとはよく「……ということ」と言いますね。口癖みたいなものでしょうか。

A　そう言われればそうですね。もしかすると山口尚さんの影響かもしれません。彼の文章には「……ということ」という言い回しがよく使われるので。

C　それはそうとして、Dさんが読んだ箇所に現れている、大森の慎重さは見逃してはならないと思います。すなわちそこで彼は、現実世界では《心臓が動いているかどうか》がしばしば生死の基準とされる、という事実にも注意深く言及する。じつに、大森によると、この事実は彼の言っていることの反例にはならない。なぜなら、たしかに心臓の運動の有無は生死の判定に使われうるが、それはたんにひとつの指標として役立っているに過ぎないから。その証拠として、心臓が止まっているが何かしらの機械によって血流が維持されて動き回ることのできる生き物は、その全体的なあり方から「生きている」と判定されうる。けっきょく、あるものについて《それが生きているかどうか》を最終的に定めるものは、その全体的なあり方以外にないのです。

E　ちょっといいですか？

A　はい、どうぞ。

E　「生きている猫」と「死んだ猫」というのが出てきますが、これはシュレーディンガーの猫*の話と関係していますか。

＊　物理学者エルヴィン・シュレーディンガーが提示した思考実験。そこでは猫が生きているか死んで

いるかが問題になる。

C　関係ないんじゃないかな。

E　いや、しかしわざわざ「猫」を例に選んでいるし……。

C　うーん、たまたまだと思うけど……。

A　私はEさんの言っていることもわかりますね。大森は生と死が問題になるところで、有名なシュレーディンガーの猫のはなしにひっかけて、一種の「パスティーシュ*」として猫を例にしているんだと思います。この意味では、関係がないことはありません。

　ただし、おそらくCさんのおっしゃりたいことでしょうが、先の箇所で大森が論じていることは、シュレーディンガーの猫とまったく無関係に理解できます。そして、話を複雑化させないためには、少なくともはじめのうちは《ふたつは互いに関係ない》と考えるほうがよいはずです。じっさい、《大森の言っていることとシュレーディンガーの思考実験はどう関係するか》を論じ始めると、空中戦になるでしょう。

　というわけでさしあたり、ふたつのあいだには何かしらの「文学的な」関係はあるかもしれないが、「哲学的な」関連はない、としておきたいと思いますが、どうですか？

＊　先立つ作品を真似《まね》したり翻案したりして新たなものをつくる芸術上の技法。

Ｅ　気をつかっていただいてありがとうございます。
Ａ　いえ、気をつかっているとか、そんなことはないです。
Ｅ　あ、「気をつかっていただいて」と言って余計に気をつかわせてしまった、すみません、ああ、「すみません」なんて言うとさらに気をつかわせてしまうかもしれない。わたし、いま泥沼のような状態になっていますね。だれか助けの手をさしのべてくれませんか。
Ｂ　なんか面白いですね。
Ｃ　Ａさんがそれぞれの発言のよいところを引き出してバランスをとるのは、彼女がこの会のリーダー役だから当然のことで、Ｅさんこそ気にする必要はないですよ。『物と心』をどんどん読み進めていろいろなことを理解するためにも、読書会が続けられるのが大事で、そして続けていくためには調整役が必要だからね。
Ａ　そうそう、本当のところを言えば、私は人間関係とかどうでもよいのです。とはいえ難しい本を読むさいにはやはりみんなで読むのが役立つでしょう。だから会を続けるのはすごく大事なのです。
Ｄ　（しびれを切らして）もう少し進んでみませんか。
Ａ　そうですね、では次はＥさんで……

5　読書会に「論破」は不要

読書会のやり取りを見ていくのはこのあたりで切りにしましょう。まとめに進む前に、大森の議論がどこへ行きつくのかを紹介しておきたいと思います。

この哲学者は、あるものについて「それは生きている」と言えるかどうかはその全体的なあり方によって決まる、と述べました。大森によると、同じことが「意識をもつ」という表現にかんしても妥当します。例えば私の隣に住む男性について「あのひとは意識をもつ」と主張しても何ら問題ないと言えますが、その根拠はその男性の全体的なあり方にあるでしょう。こうなると――ここから一足飛びで結論へ向かいますが――大森は、今後ロボットと私たちのあいだの関わり方が「濃厚」になれば、ロボットの全体的なあり方を根拠として私たちが「ロボットは意識をもつ」と述べることは十分にありうる、と指摘します。「意識をもつ」という表現とロボットとをめぐる問題は、目下の論文ではこのように決着がつけられるのです。

さて先に見た読書会ではAさんが「調整役」あるいは「舵取《かじと》り役」を担っていましたが、

最後にこうした役割の重要性についてあらためて強調しておかねばなりません。若いひとが新たに似たような集まりを催すさいに大事な点だからです。

前章で、読書会の目標は〈書物の内容を理解すること〉であり、誰かと仲良くなることなどは本来の目的に属さない、と言われました。これはつねに成り立つことであって、本章の考察によって揺るがされたりはしません。とはいえ、読書会が人間という（一般的に）他人を誤解しやすい存在によって営まれている、という点も忘れてはならないのです。例えば私たちは、自分の意見が批判されているとき、どうしても自分が否定されていると感じてしまいます。そしてこれは理性の力で何とかしようとしてもどうなるものでもなく、おそらく各人が〈控えめな言葉づかいに徹する〉や〈大人な礼儀を保つ〉などをつねに心がけることによってのみ対処できることでしょう。それゆえ、敢《あ》えてメンバー間で親密になるよう努める必要はありませんが、読書会を継続していくために互いに配慮し合うことは不可欠だと言えます。

とはいえ――ここでさらに「ひねり」が加わりますが――互いに遠慮ばかりしていても生産的な議論につながらないのです。それゆえ読書会の参加者は、他のメンバーの感情や気分を配慮しつつも、ある意見を批判して追加の指摘を行なうほうが事柄の理解が深まるようなときには、きっちりとそうした指摘を行なわねばなりません。そうした場合、メンバーの間に緊張感が走るのですが（ちなみにこれをまったく感じないひともいる）、そこで「気を取り直す」ような一言を発することのできるひと、すなわち調整役あるいは舵取り役の存在が重要になります。この役割はもっぱらリーダー格に期待されるものでしょうが、ときに他のひとが引き受けてもよいと思います。いずれにせよ、読書会を長く続けるためには、〈他のメンバーの感じ方に配慮する〉ということも必要になってくるのです。

テレビの番組やインターネット上の動画で、あるひとが別のひとを「論破」する、というシーンがたまに見られますが、あれは一種のショーであり、それを見て楽しめるひとが楽しむために見るものです。そして現実で実行してもとくに利益のあるものではありません。加えて、読書会という場においては、相手を論破してやろうという意志は却《かえ》って真の目的の障害になるでしょう。先にも述べたように、読書会の真の目標は〈書物の内容を理解すること〉であって、決して〈他人を言い負かして優越感を得ること〉などではないのです。

おわりに

ここまで「難しい本を読む方法」を説明してきました。すなわち、難しい書物や論文を読解しようとするさいに、どの点に気をつければよいのか、を複数の角度から論じてきました。以下ではまず本書で提示された「方法」を振り返りましょう。

第一章から第三章の「原理編」においては、難解な文章を読み解くさい、全体と部分のグルグル回りにうまく入り込むことが重要だと指摘されました。じつに、《ある文章が全体として何が言いたいか》はキーセンテンスという部分が述べるのですが、《文章のどの部分がキーセンテンスなのか》は文章全体の言いたいことから決まります。このように文章には無視できない「循環」が含まれており、〈文章を読み解くこと〉はじつに全体と部分の折り合いをつけることなのです。第三章でこうした事態は「解釈学的循環」という術語で説明されましたが、これが本書の最も重要なキーコンセプトです。けっきょく本書で提示される〈難しい本を読む方法〉は以下の方針として定式化されるでしょう。すなわち、部分と全体とを行ったり来たりして、そのあいだの齟齬《そご》を極小化する読み筋を突き止めよ、と。

第四章から第七章の「方法編」においては、以上の原理を踏まえたうえで、じっさいの読解の実践に役立ついくつかのテクニックを紹介しました。それらは――列挙すれば――前提と結論を腑分《ふわ》けすること、話の流れをつかむこと、内容の重要性を指摘すること、具体例を提示することとです。全体として押さえるべきは、本論やコラムで述べたとおり、これらのテクニックがどれも〈グルグル回りに入り込む〉という原理のもとで使用される、という点でしょう。例えば、前提と結論を腑分けするさいには、文章の部分と全体のあいだを行ったり来たりして各箇所の役割を突き止めねばなりません。あるいは内容の重要性を指摘したり具体例を挙げたりすることは〈自分と文章のあいだに循環関係をつくる〉というより大きな作業の一部でした。この意味において本書で紹介された四つのテクニックはどれも〈循環に入り込む技法〉の意味をもちます。

第八章と第九章の「実践編」においては、難しい書物や論文を読むさいにたいへん役立つ営みとして、読書会のやり方を説明しました。複数人で同じ文章を読み解くという活動については、例えば《古典を選べば「はずれ」はめったにない》や《新書二冊くらいで予習してから始めよう》とか《リーダー的な存在がいれば便利だ》などのいろいろなことが言えますが、最も大事なのは、メンバー同士が互いに敬意をもって〈眼前のテクストを読み解く〉という目標に邁進《まいしん》する、ということです。ここさえ揺るがせにすることがなければ、何かしらの学びが実現するにちがいありません。

以上が本書で提示された《難しい本や論文をどう読むのか》の内実ですが、それらが決して「必勝法」ではないという点はあらためて強調させてください。「はじめに」および本論でも述べられましたが、難しい文章を読むことについては、必勝法はないが正攻法はある、というのがこの本の一貫した姿勢です。じっさい、私が本書で紹介したやり方に頼ったとしても、ただちには読み解くことができない本が存在するはずです。とはいえ――ここが言いたいことですが――それでもその本の部分と全体を行ったり来たりしてグルグル回りに入り込もうとする努力は無駄にはなりません。なぜなら、そうすることによって、読解へ向けた着実な前進が行なわれているからです。たしかに「わかったぞ！」という状態に至るのがどれほど先になるかはわかりません。とはいえ、安易な「必勝法」に頼って恣意的な解読に至るるのではなく、正攻法のもとで一歩ずつ進むほうが、長い目で見て〈得られるもの〉は多いでしょう。いや、これは私がそう信じているということですが、それでもみなさんにぜひ伝えたいことのひとつです。

書物や論文を読み解くさいに「必勝法」が存在しないのはなぜか――これを掘り下げることは哲学の問題に足を突っ込むことですが、これは本書の最後の話題にふさわしいかもしれません。なぜなら、私たちは本論でさんざん哲学のテクストに触れてきましたし、この本の一貫した姿勢の根拠を見ておくことはこれまで学んできたことをさらに深めるのに役立つだろうからです。以下、難しい本を読む必勝法は存在しない、と言わねばならない理由を私なりに説明したいと思います。

この話題は〈文章〉というものの本質にかかわると言えます。あるいは、〈書くこと〉の本質にかかわる、と言ったほうがよいかもしれません。本や論文は誰かがそれを書くことによってこの世に姿を現しますが、〈書くこと〉のひとつの特性のために、文章の読解において必勝法は存在しえないことになります。ではその特性とは何か。それは〈自由〉です。

書くことは自由な創造なのだ――この事実は他人の文章を読むさいに心得ておくべきことだと言えます。じっさい、ときに例外はあるでしょうが、本や論文を書くことは決して〈あらかじめ定められたルールに従って一切が済ませられる作業〉ではありません。書き手は、自分が言いたいことを伝えるために、最も適切な表現が何かを模索します。そして、彼女あるいは彼の言いたいことが新しければ新しいほど、あるいは深ければ深いほど、それを表現する仕方は「独特の」ものにならざるをえません。多くの文章はこうした創造的な努力の結果として存在します。だから、どんな文章もかならず読み解けるような「必勝の」方法は、たとえ望んだとしても得られるものではありません。書き手が自分の言いたいことが最もよく伝わるよう臨機応変に工夫する以上、読み手の側も臨機応変に対応する以外に道はないのです。読解に必勝法なし、という事態の理由はこの点にあります。

それゆえ、本書で紹介した読解の正攻法もある意味で「方法」ではない、と言えます。すなわち、もし「方法」という語で目的を達成するための確実な手段を意味するならば、この本では決して〈難しい本を読む方法〉は提示されなかった、ということです。とはいえ必勝法がないことは必ずしも《何らの指針もなく、行き当たりばったりでやるしかない》ということを意味しません。じっさい〈書くこと〉は、一方で自由な創造でありながら、私たちに共有された言語と論理で行なわれる実践です。それゆえどんな文章にたいしても（それが文章であるかぎり）私たちは何かしらの理解を形成することができます。そして、そうした理解形成へ向けた堅実な道として、本書の「正攻法」は紹介されたわけです。

一般に、手すりのないところで何を心得てどう振る舞うか、というのは生きるうえで大事な問題のひとつです。なぜなら私たちが巻き込まれている社会はその多くの領域において、

〈手すりのないところで何かを行なわねばならない〉という状況を含むから。というか、政治や文化の領域においては、手すりがないことのほうが普通でしょう。こうした現実を前にして、「こうやれば確実だ」というあらかじめの規則がないのだから好き勝手やればいい、と考えるのは性急であり短絡だ――というのがこの本の一般的な教訓のひとつです。私は、結果を確実化する方法のない状況下でも、道を踏み外さないような態度や姿勢はとられうる、と言いたい。繰り返し述べるように、本を読むことにかんしても安易な必勝法はない、と言わざるをえません。とはいえ「だから何でもありだ」と言うべきでもありません。たとえ地味であっても、そして「方針」と言える程度のいささか不確実なものであっても、やはり正攻法はあると考えてよい。こうした信念のもとでこの本は書かれました。

本書のレーベル、すなわち「ちくまプリマー新書」は、中学生や高校生あるいは学ぶ意欲のあるすべての若者をターゲットにしているので、本書のしめくくりとして「若者向けの」何かを述べておくのもよいかもしれません。

振り返れば数え切れないくらいたくさんの著作を読んできました。それでもこの世に存在する（そしてこれから生まれるであろう）書物や論文の数からすれば微々たるものに過ぎません。読むことができずに終わってしまうであろう名作の多さを考えれば、少し悔しくなりますが、それでも――幸運の巡り合わせか運命の必然かわかりませんが――《これまで出会った数々の著作が私を大きくしてくれた》という事実に鑑みると、著作物に囲まれて生きてきたことを素直に「ありがたい」と感じます。

〈今後、他人の書いた本や論文を読んでいく〉という点において、みなさんと私はとくに違う立場にあるわけではないので(私自身もいろいろ学んでいかねばならない身です!)、訓示のようなことを述べるつもりはありません。ただ、みなさんのそれぞれがいろいろなものを読み、〈ひとが書いたものを読解して学ぶ〉という実践がリレーのように今後も続いていけばいいな、と願うだけです。私はこれからも読んでいくでしょう。みなさんがその仲間になってくれれば、たいへん心強い。

本書の編集は橋本陽介氏が担当されたのですが、ひとつの章ができて原稿を送るたびに、的確なコメントをいただきました。私自身が《はたして難しい本をどう読めばよいのか》を振り返るきっかけを得ることができたのも、橋本氏のご依頼のおかげだと言えます。記して御礼に代えさせてください。

最後に、個々の名前をすべて挙げることはできないので「私と一緒に読書会をしてくれたみんな」と呼びかけますが、この本が書けたのはそうしたみんなのおかげでもあります。時間を共にしてくれてありがとう。これからもよろしく。

二〇二二年　春

山口尚

ちくまプリマー新書

287
なぜと問うのはなぜだろう
吉田夏彦
ある／ないとはどういうことか？　人は死んだらどこへ行くのか――永遠の問いに自分の答えをみつけるための、哲学的思考法への誘い。伝説の名著、待望の復刊！

113
中学生からの哲学「超」入門
――自分の意志を持つということ
竹田青嗣
自分とは何か。なぜ宗教は生まれたのか。なぜ人を殺してはいけないのか。満たされない気持ちの正体は何なのか……。読めば聡明になる、悩みや疑問への哲学的考え方。

276
はじめての哲学的思考
苫野一徳
哲学は物事の本質を見極める、力強い思考法を生み出してきた。誰もが納得できる考えに到達するためのその思考法のエッセンスを、初学者にも理解できるよう伝える。

308
幸福とは何か
――思考実験で学ぶ倫理学入門
森村進
幸福とは何か。私たちは何のために生きているのか――誰もが一度は心をつかまれるこの問題を、たくさんの思考実験を通して考えよう。思考力を鍛える練習問題つき。

407
哲学するってどんなこと？
金杉武司
謎に溢れた世界の読み解き方を教えてくれる哲学。でも何からどう取り組めばいいの？　問いの立て方から答えの探し方まで、練習問題とともに学べる新しい哲学入門。

ちくまプリマー新書

167 はじめて学ぶ生命倫理
——「いのち」は誰が決めるのか
小林亜津子
医療が発達した現在、自己の生命の決定権を持つのは、自分自身？　医療者？　家族？　生命倫理学が積み重ねてきた、いのちの判断を巡る「対話」に参加しませんか。

329 何のための「教養」か
桑子敏雄
単なる〝飾り〟か、それとも〝命綱〟か。教養の力で人びとの合意形成を図る「地を這う哲学者」が斬り込む。すぐれた選択を導く知、思慮深さとはどういうもの？

332 宇宙はなぜ哲学の問題になるのか
伊藤邦武
「宇宙に果てはあるか」「広大な宇宙の片隅の私達は何者か」。プラトンもカントもウィトゲンシュタインも、哲学的思考の出発点は宇宙だった。謎の極限への大冒険。

395 人生はゲームなのだろうか？
——〈答えのなさそうな問題〉に答える哲学
平尾昌宏
読書猿さん推薦！　ルールも目的もはっきりしないこの「人生」を生き抜くために、思考の「根拠」や「理由」をひとつひとつ自分で摑みとる練習を始めよう。

391 はじめて学ぶ環境倫理
——未来のために「しくみ」を問う
吉永明弘
エコで環境はよくなるのか？　なぜ生物の絶滅はダメなのか？　つくられた自然は偽物か？　身近な環境の疑問から未来に関わる問題まで、考えるヒントを教えます。

ちくまプリマー新書

381
心とからだの倫理学
——エンハンスメントから考える
佐藤岳詩

整形で顔を変えてしまってよいのか。能力や性格を薬によって変えることの是非は？　変化によってあなたと社会はどうなるの？　倫理学の観点から論点を提示する。

385
従順さのどこがいけないのか
将基面貴巳

「みんな、そうしているよ」「ルールだから、しかたがない」「先生がいってるんだから」この発想がいかに危険なものなのか、政治、思想、歴史から解明します。

266
みんなの道徳解体新書
パオロ・マッツァリーノ

道徳って何なのか、誰のために必要なのか、副読本を読んでみたら……。つっこみどころ満載の抱腹絶倒の話、意味不明な話、偏った話満載だった⁉

258
戦争とは何だろうか
西谷修

戦後70年が過ぎ戦争の記憶が薄れかけている今、実は戦争は近づいてきている。どのように国や国民は巻き込まれていくのだろう？　戦争とは何かを考える一冊。

282
歴史に「何を」学ぶのか
半藤一利

「いま」を考えるための歴史へのアプローチ！　歴史探偵への目覚め、天皇退位問題の背景、アメリカの現在と過去……未来へ向けた歴史の学び方を語り尽くす。

ちくまプリマー新書

002 先生はえらい　内田樹

「先生はえらい」のです。たとえ何ひとつ教えてくれなくても。「えらい」と思いさえすれば学びの道はひらかれる。——だれもが幸福になれる、常識やぶりの教育論。

067 いのちはなぜ大切なのか　小澤竹俊

いのちはなぜ大切なの？——この問いにどう答える？子どもたちが自分や他人を傷つけないために、どんなケアが必要か？　ホスピス医による真の「いのちの授業」。

072 新しい道徳　藤原和博

情報化し、多様化した現代社会には、道徳を感情的に押しつけることは不可能だ。バラバラに生きる個人を支えるために必要な「理性的な道徳観」を大胆に提案する！

099 なぜ「大学は出ておきなさい」と言われるのか——キャリアにつながる学び方　浦坂純子

将来のキャリアを意識した受験勉強の仕方、大学の選び方、学び方とは？　就活を有利にするのは留学でも資格でもない！　データから読み解く「大学で何を学ぶか」。

105 あなたの勉強法はどこがいけないのか？　西林克彦

勉強ができない理由を、「能力」のせいにしていませんか？「できる」人の「知識のしくみ」が自分のものになる方法を、認知心理学から、やさしくアドバイスします。

ちくまプリマー新書

074 ほんとはこわい「やさしさ社会」　森真一

「やさしさ」「楽しさ」が善いとされ、人間関係のルールである現代社会。それがもたらす「しんどさ」「こわさ」をなくし、もっと気楽に生きるための智恵を探る。

079 友だち幻想　——人と人の〈つながり〉を考える　菅野仁

「みんな仲良く」という理念、「私を丸ごと受け入れてくれる人がきっといる」という幻想の中に真の親しさは得られない。人間関係を根本から見直す、実用的社会学の本。

136 高校生からのゲーム理論　松井彰彦

ゲーム理論とは人と人とのつながりに根ざした学問である——環境問題、いじめ、三国志など多様なテーマからその本質に迫る、ゲーム理論的に考えるための入門書。

169 「しがらみ」を科学する　——高校生からの社会心理学入門　山岸俊男

社会とは、私たちの心が作り出す「しがらみ」だ。「空気」を生む社会そのものの構造を解き明かし、自由に生きる道を考える。KYなんてこわくない！

316 なぜ人と人は支え合うのか　——「障害」から考える　渡辺一史

障害者を考えることは健常者を考えることであり、同時に自分自身を考えること。なぜ人と人は支え合って生きるのかを「障害」を軸に解き明かす。

chikuma primer shinsho

ちくまプリマー新書 408

難《むずか》しい本《ほん》を読《よ》むためには

二〇二二年八月十日　初版第一刷発行
二〇二三年四月二十日　初版第三刷発行

著者　山口尚（やまぐち・しょう）

装幀　クラフト・エヴィング商會
発行者　喜入冬子
発行所　株式会社筑摩書房
東京都台東区蔵前二－五－三　〒一一一－八七五五
電話番号　〇三－五六八七－二六〇一（代表）

印刷・製本　株式会社精興社

ISBN978-4-480-68433-2 C0200 Printed in Japan